営業力を強化する世界最新のプラットフォーム

セールス・イネーブルメント
SALES ENABLEMENT

バイロン・マシューズ
BYRON MATTHEWS

タマラ・シェンク　著
TAMARA SCHENK

富士ゼロックス総合教育研究所　監訳

United Books

SALES ENABLEMENT
A MASTER FRAMEWORK TO ENGAGE, EQUIP,
AND EMPOWER A WORLD-CLASS SALES FORCE
by BYRON MATTHEWS. TAMARA SCHENK

Copyright © 2018 by Miller Heiman Group. All rights reserved.

Japanese translation copyright © 2018 by Fuji Xerox Learning Insititute Inc. All rights reserved.

This translation published under license with the original publisher

John Wiley & Sons,inc. through Tuttle-Mori Agency, Inc., Tokyo

日本語版刊行にあたって

小串 記代
富士ゼロックス総合教育研究所　代表取締役社長

　最近、米国の法人営業を中心に『セールス・イネーブルメント』という言葉が注目されている。セールス（営業）・イネーブルメント（できるようにすること、有効にすること）から想像すると、「なんだ、営業力強化じゃないか」と思われるかもしれない。日本では、このイネーブルメントという言葉はまだ馴染みが薄い。まずは、言葉の意味をたどってみたい。

　イネーブルメントは、何かを可能にする、有効にするプロセスを意味する。本書でのイネーブルメントという言葉は、顧客の成功に向けて営業全体を有効に機能させるために、組織全体で一貫性を持って施策に取り組むことを意味している。同時に、その取り組みの目的が顧客の成功のためという共通認識を組織全体で持つことである。つまり、営業活動を支援するためのさまざまな施策を、組織横断でトータルに考え、一貫性を持って顧客接点を支援していこうという考え方である。このイネーブルメントという言葉には、「自ら機動的にできるようになる、自律的な組織能力が確立する」という意味が込められている。

　では、これまでの営業力強化、営業変革と何が違うのか、なぜこのような概念が注目を浴びているのだろうか。

　最も大きな違いは、顧客接点に関わるすべての機能に一貫した施策を促すということだ。営業組織だけでなく、マーケティング、人材開発、サービス等、顧客の成功に向けて全社共通の認識、約束事を決め推進するということである。組織のさまざまな機能を、顧客に焦点をあて再設計することである。営業の変革は、営業組織だけの

ものではなく、組織全体の変革の起点になると言える。セールス・イネーブルメントは、部門を越えた協働を公式に定義し、機能間の連携を促す取り組みである。

　ここ数年顧客接点で生じた変化に目を向けてみよう。情報技術の進化とともに、顧客接点は対面営業だけでなく、マーケティングオートメーション、インサイドセールス、ソーシャルセリングなど、多様になっている。機能ごとに顧客に関わることに取り組んでいては、一貫性を失い、同時に効率性も損なわれる。これらの機能が効果的に連携し、獲得したリードを営業にスムーズに引き渡し、営業は受注につなげることが求められる。増大した顧客接点は、相互に連携できているだろうか。それぞれの機能は顧客に共通した価値メッセージを送っているだろうか。機能間の連携にコミュニケーションの壁は存在しないだろうか。

　セールス・イネーブルメントでは、これら機能間の迅速な協働を促し、CRM/SFAといったテクノロジーはこの機能間のスムーズな連携に貢献する。各施策を分断せずに、包括的に設計管理することで、それぞれの施策に一貫性を持たせ、この全体的な取り組みの効果を数値化して測り、最適化していこうということに意味がある。

　次に、顧客の期待はどのように変化しているだろうか。弊社は30年にわたり、多くの企業の営業力強化を支援させていただいた。営業力強化や営業変革の取り組みは、終わりのない旅のようなものである。30年前から、科学的な顧客アプローチや顧客の真のニーズを明確にする営業スキルを導入してきた。そして、商品そのものの特徴や利点を顧客に認知させるアプローチから、顧客のビジネスにより深くコミットし、顧客の課題に対して自社の総合力をもって創造的な解決策を提供するソリューション営業への転換を支援してきた。組織をあげたソリューション営業は、顧客と自社の双方が利を

得られる長期的なパートナーシップ形成につながる。そして、この信頼関係が競争優位を実現し、長期にわたって自社の成長と発展を支えると考えてきた。当時からeコマースやテクノロジーの発展により、営業にはこれまで以上に専門的な能力が必要とされるであろうと提唱してきた。過去に蓄積された個人の能力を組織のナレッジとして高め、組織全体で営業革新を進めることが必要であった。

　第4次産業革命を迎えた今日、当時の「科学的」という意味に、想像もしていなかった変化が起こった。テクノロジーの進化と共に、顧客はあらゆる情報を自ら手に入れることができるようになったのである。同時に、グローバル競争の激化やIoT、AIなどの技術革新によって市場ニーズが益々高度化・複雑化する中、多くの企業が単独ではなく、さまざまな企業と協業して新たな価値の創出を追求している。企業では、将来目指すべき成果やその道筋に関して、最善の意思決定を促す新たな視点や視座を提供してくれる、より信頼のおけるパートナーを求める傾向が強まっている。
　こうしたパートナーを期待する企業を顧客とする法人営業は、顧客企業のプロジェクトのスタート前から営業活動を展開し、営業戦略・プロセス・仕組み・人材のあらゆる側面から組織的な対応を推進することで、顧客企業との長期的・戦略的な関係を構築することを求められている。
　情報武装をした顧客に対面する営業には、何が求められるのだろうか。
　営業は、自社の商品・サービスについての情報優位性が薄れ、顧客の目指す成功に向けて顧客が保持する情報を正しく活用し、より深く考えて意思決定できるように、思考を触発するインサイト（洞察）や質問を行う必要がある。パースペクティブ、新たな視点を投げ

かける営業である。自社のソリューションの枠組みにとらわれず、顧客と互いに学び合うことでやり取りの質を高められる営業へと進化が求められている。ソリューション営業の進化である。

自動車メーカーと情報通信会社の提携に代表されるように、企業は過去の成功の延長線に未来の成功はないと考えている。変化の大波を受けて企業が生き残るために、異なる業種が融合し、新たな産業を生み出す時代である。どの企業でも、今のままではだめだという切羽詰まった動きが始まっている。そのためには、これまでにない新たな価値の創造が必要である。

創造へのヒントはどこから生まれるのか。それは異なる分野で、相互に学び合うことから始まるのではないだろうか。顧客と営業も同様である。相互に学び合う相手、思考を刺激する相手であることが期待されている。これは営業個人の力量の問題ではない。組織全体が顧客の成功に向けて常に情報を共有し、考える組織、学習する組織であることが前提だ。セールス・イネーブルメントは、組織内で本質的な問いを生み、考える組織になることにつながる。

本書の特徴は、ワールドクラスの組織が今日の環境変化にどのように適応しようとしているかを整理し、営業組織の変革を、全社的な取り組みとして実践する詳細なガイドを提供している点にある。顧客接点に関わるすべての方にお読みいただきたい。特に、これまでソリューション営業に関わってきた方に読んでいただきたい。セールス・イネーブルメントの施策を組織横断的な取り組みとしてリードするエグゼクティブ層の皆様には、その道筋を決める羅針盤として使っていただければ幸いである。

企業はそれぞれ異なる局面にある。本書に書かれていることをすべて採り入れるのは困難かもしれないが、自社で最も重要な課題に

思えることから参考にしてほしい。

　営業はクリエイティブな仕事である。企業の変革の起点となるのは、顧客の変化である。顧客との接点にいる営業を全組織機能でサポートすることこそが、顧客の成功に貢献することにほかならない。

　顧客の未来の成功に貢献するためには、社内で、また顧客と共に学び続けることが重要である。「セールス・イネーブルメントが機能する」とは、人は考える営業に、そして企業は考える組織になることにほかならない。顧客の成功を全社の共通認識として持ち、考える組織になることが、顧客から選ばれ続けるパートナーになることにつながる。

株式会社 富士ゼロックス総合教育研究所
代表取締役社長

小串 記代

推薦の言葉

小出 伸一

セールスフォース・ドットコム　代表取締役会長 兼 社長

　現在、第4次産業革命がピークを迎えている。あらゆる経済活動がモバイルやIoT、AIなどのテクノロジーによってデータ化され、集積されたビッグデータを分析・活用することで多様な価値を創出し得る基盤が整いつつある。この時代における最も重要なキーワードは、「すべてのものがつながる」ということだと私は考えている。

　すべてがつながった先には必ず顧客が存在する。そして、ここ数十年の産業界で最も大きく変化しているのが、この「顧客」の部分なのである。かつては企業が顧客の消費行動をリードしていたが、現在は顧客側の方が圧倒的に情報武装が進み、立場が逆転してしまった。今やリードしているのは顧客側である。それが第4次産業革命で起きている最も大きな変化であろう。

　このような時代においては、顧客側の視点に立って顧客からの要求に応えられる企業や、明確な差別化戦略を打ち出している企業でなければ生き残ることはできない。顧客の要求に応え、売上を上げていくために、企業は営業というものの考え方から変えていかなくてはならないのである。

　企業間ビジネスにおいて、経済成長の時代には、企業は顧客が経済効率性を追求するためのツールを売っていればよかった。その後、顧客（買い手）の経営課題を分析して解決策を提供するソリューション営業が流行した。しかし現在の顧客は情報面で圧倒的に優位に立っており、自社の課題も把握できている。顧客の課題を聞きにいったところで、今さら何を言っているのかと思われて終わりだろう。企業はもうそろそろソリューション営業を脱却し、顧客の変化

を理解することから始めなければならない。

　これからの営業が売るべきものは、ソリューションではなく「ビジョン」である。先の見えない状況の中にある顧客に対し、明るい未来を創るビジョンをともに考えていく営業こそ、顧客から信頼される営業となり得るのである。

　顧客とともにビジョンをつくれる営業人材、イノベーションを起こせる営業人材を育成し、企業の営業変革を実現していくには、日本の企業にも「Sales Enablement」の仕組みが必要だと私は考えている。Sales Enablementという言葉は日本ではまだ馴染みが薄いが、アメリカではすでに一般的な考え方となっている。特に当社では「営業組織/担当者を会社が期待する動きができる状態にし続けること」という意味で用いており、グローバルでは創業当初から、日本法人では2008年からこの機能を持つ組織を置いている。

　当社は1999年にサンフランシスコで創業して以来、CRM/顧客管理ツール、SFA/営業支援ツールをコアプロダクトとして成長を続けている。「テクノロジーの民主化」、すなわち、いつでも、どこでも、誰でもが必要なITを使えるようにすることでマーケットにイノベーションを起こすことを目指し、世界で初めてクラウドという新しい形態のサービスを世の中に送り出した。

　当社の成長の源泉はそのような革新的な営業支援サービスにあるが、いくら製品がよくても営業が弱くてはここまで成長を続けることはできない。当社の強い営業力を支えているのは、まさにこのSales Enablementなのである。今や顧客との接点は、営業だけではなく、サービス、マーケティング、eコマースと多様化している。パフォーマンスを高めるには、これらの接点をシームレスに連携させて全社員で共有する必要があるが、その組織的な仕組みを支えて営業をサポートしているのもまた、Sales Enablementである。

たとえば、当社の営業部門の人材育成プログラムは、基本的知識を学ぶトレーニングである「Learn」、営業の立ち上がりを確実に行えるようにするためのフィールドコーチングを提供する「Apply」、自分で動ける営業に、より効率的に活動してもらうための営業ツールやナレッジを提供する「Leverage」という三つの柱で構成され、それぞれプロセス化されている。各プログラムにおいては、営業支援プラットフォームの受講履歴ページに合格者に付与されるバッジを表示して学習状況の可視化を行うなど、ITを活用したEnableな仕組みをつくっている。

　こうしたSales Enablementに基づくプログラムをベースにしながら、実際の営業活動を通じて、自社のCRM/SFAツールを徹底して使いこなしていくうちに、営業現場のビッグデータが蓄積され、精緻化される。それをAIツールが解析して、売れる営業の行動パターンなどを見出し、成果の出ていない営業に対して、適切なタイミングでアドバイスをしていくシステムも用意している。

　すべての営業人材が最初からエキスパートであるわけはなく、また、必要なスキルセットの揃った人ばかりを採用できるようなこともない。だからこそこのように営業をEnableなものにしていく仕組みをつくり、ITやAIといったテクノロジーを駆使して営業の質の底上げを図ることで、顧客から信頼される営業人材を育てることが重要なのである。

　これからの営業人材の開発において、もう一つ重視していることがある。それは、組織として営業力を発揮できる人材、もしくはそういうことを受け入れる能力のある人材を採用するということである。なぜなら、一人でできる仕事には限界があるためだ。営業に必要なすべてのスキルセットを持っていなくても、できないことは誰かの力を借り、チーム力を最大限に発揮してカバーできればよ

い。当社は「信頼、カスタマーサクセス、イノベーション、イクオリティ」をコアバリューとしている。これら四つの価値は顧客のビジネスの成功を目指す指針となっているが、中でも特に「イクオリティ」は、当社が多様なDNAを持つ人材を受け入れ、化学融合を加速し、新たなイノベーションを起こしていく礎となっている。

　新たなデジタル革命の下、大きな時代の変化の中で新しいことを生み出し、顧客の期待を超えていくためには、組織も人も変わらなくてはならない。変化が起きてから対応するのではもう遅く、企業自らが変化をつくり出す側に立たなくてはならない。そのために企業は人事制度も含めて変革を起こしやすい環境をつくる必要があり、営業は自分たちが変化を生み出す側だという意識に変わらなくてはならない。Sales Enablementは、営業組織と営業人材を未来のビジョンを生み出せる、業績を上げ続ける組織と人材へと変えていくための必須の仕組みと言える。

　経営者の皆さんがSales Enablementを具体的に実践していくにあたっては、本書『Sales Enablement』が大いに参考になるだろう。本書は営業力強化分野の先駆的企業であるミラーハイマングループの手法を、豊富なベストプラクティスの事例とともに紹介したものである。本書を読んで、今、企業がなすべきことを理解し、ぜひ実際に「Sales Enablement」の仕組みをつくって営業変革に取り組んでいただきたい。それにより企業は顧客とともにビジョンやイノベーションを生み出せる組織、第4次産業革命を超えて成長していける組織に変わっていくはずである。

株式会社セールスフォース・ドットコム
代表取締役会長 兼 社長

小出 伸一

contents

日本語版刊行にあたって …………………………………………………… 3

推薦の言葉 ………………………………………………………………… 8

第 1 部

イントロダクション ……………………………………………………… 15

第1章　営業の科学 …………………………………………………………… 26

第 2 部

セールス・イネーブルメントの共通定義 ……………………… 47

第2章　セールス・イネーブルメントが持つ多面性 ………………… 50

第3章　カスタマーパス ……………………………………………………… 65

第4章　憲章の設定と共有 ………………………………………………… 78

第 3 部

セールス・イネーブルメントが提供する"サービス" ……… 99

第5章　コンテンツ・サービス …………………………………………… 105

第6章　トレーニング・サービス ………………………………………… 132

第7章　コーチング・サービス …………………………………………… 152

第8章　価値メッセージを通じた一貫性の構築 …………………… 183

第 4 部

セールス・イネーブルメントの社内活動 ⋯⋯⋯⋯⋯⋯197

第9章　フォーマルなコラボレーション ⋯⋯⋯⋯⋯⋯⋯⋯⋯200

第10章　統合的セールス・イネーブルメント・テクノロジー ⋯⋯⋯214

第11章　セールス・イネーブルメント・オペレーション ⋯⋯⋯⋯236

第12章　成果の測定 ⋯⋯⋯⋯⋯⋯⋯⋯⋯⋯⋯⋯⋯⋯⋯⋯⋯250

第 5 部

ここからどこへ向かうのか ⋯⋯⋯⋯⋯⋯⋯⋯⋯⋯⋯273

第13章　セールス・イネーブルメント成熟度
現状を把握し、進化させるために ⋯⋯⋯⋯⋯⋯⋯⋯276

第14章　これからの営業 ⋯⋯⋯⋯⋯⋯⋯⋯⋯⋯⋯⋯⋯⋯292

付録 —— セールス・イネーブルメント憲章のサンプル ⋯⋯⋯⋯302

あとがきにかえて——英語版序文 ⋯⋯⋯⋯⋯⋯⋯⋯⋯⋯311

著者紹介 ⋯⋯⋯⋯⋯⋯⋯⋯⋯⋯⋯⋯⋯⋯⋯⋯⋯⋯⋯314

監訳にあたって ⋯⋯⋯⋯⋯⋯⋯⋯⋯⋯⋯⋯⋯⋯⋯⋯⋯316

14

第1部

イントロダクション

Introduction

セールスという「職業」は難易度が高い。しかし、多くのセールスが今まで以上に業績を上げるのに苦しんでいることを我々の調査は示している。それによると、この5年間に売上目標を達成するセールスは10%減り、会社の収益もほぼ4%落ちていたのである。

経営層の立場からすれば、この業績の落ち込みはかなりの苛立ちであろう。セールスが生産性と効率を上げられるよう、CRMソリューションやその他のテクノロジーに、何百万とは言わないまでも何十万ドルもの投資をし、トレーニング・プログラムや販促ツールの開発にかなりの資金を投入してきたはずである。また企業として、採用の手法などにも磨きをかけ、業界で実績のある一流の人材を獲得しようとしてきたはずである。

それなのになぜ、こうした投資は報われないのであろうか。

我々の答えはシンプルだ。今日の営業組織は変化のペースに追いつくことも、適応することもできていないのである。

物事の変化がいかに速いか、誰もが知っている。今使っている携帯電話で何ができるか、ほんの5年前に使っていたものと比べてみるだけでよい。テクノロジー自体から利用できるアプリまで、変化は明々白々である。

しかし、我々の周囲の至るところに起こっている社会的変化と、その力が自分の今関わっている仕事に与えるインパクトについて立ち止まって考えようとする人は少ない。問題とされるべきなのは、最新のiPhoneが発表されたというような小さなことではないし、景気後退のようなもっとドラマティックなことですらない。それらのインパクトは確かにリアルなものだが、たいてい一時的である。ここで論じようとしているのは、むしろ我々が今いる世界を不可逆的につくり変え、したがって我々がどのように営業す

るかさえも変えてしまうような本当に大きな変化についてである。

■ 世界で起きている変化の波

　こうした大きな変化を理解するには、マクロレベルで起きている五つの重要な変化を検討することから始める必要がある。おそらくそれぞれの変化について、ある程度は馴染みがあるだろう。しかし、注目すべきは、それらがセールスの活動にどのようなインパクトを及ぼしているかである。

デジタル・ファースト：情報の洪水と混乱　たとえば、最新のスマートフォンの発表は確かにこのカテゴリーの話であるが、ここでのテーマはそれよりもずっと幅広い。マッキンゼーの推計によれば、IoTは2025年までに11兆ドルものインパクトをグローバル経済に与える可能性がある。このインパクトは、ビジネスでよりよい意思決定をするためのデータの集め方や活用の仕方の変化、そして消費者がセールスとやり取りするテクノロジーの活用の仕方の変化によってもたらされるであろう。営業がテクノロジーに依存するようになれば、顧客との関係構築のようなまさにソフトなスキルよりも、データ分析のようなハードなスキルが求められるようになる。結果、最良の営業人材が営業畑以外のところから来るというケースもあるだろう。

台頭する中間層　先進世界では購買力を持つ中間層は増減なしか、減少している。しかし多くの新興経済圏内では反対の事態が起きている。世界的に見れば、2025年までに中間層は153％増加する見込

みである。中でも最も増加するのは、アジア太平洋地域の国々においてである。この新たな購買力を取り込むために、企業は営業組織における既存の人材とは全く異なる国や文化からセールスを集めなければならないだろう。こうした新規採用を支援するという独特のニーズも生じてくるはずだ。

都市化する世界　農業を基本的な基盤としていた地域が工業化され、都市化されつつある。毎年6500万人もの人々が都市へと移住している。それは毎年、シカゴ（周辺の郊外部も含む）7個分、パリ都市圏5.5個分、上海2個分と同じ規模の都市が新たに生まれるということである。新しいチャンスや洗練されたライフスタイルを求めて人々や企業が都市に群がると、かつての小さな都市エリアには大きな購買力が生まれる。新たな営業機会、そして確実に登場する新たな競争相手に対応するために、企業はその市場と顧客開拓戦略の双方に適応する必要があるだろう。

生産性 v.s. 高齢化する労働力　市場が成熟していくと、新規採用者よりも退職年齢に達する労働者の方が多くなる。マッキンゼーの「グローバル成長：生産性は高齢化する世界を救えるか」というレポートによれば、この50年間で、労働市場は約1.7%ずつ着実に成長してきたが、これからの50年はほんの0.3%ずつにまで成長が落ち込むとされている。

　企業にとってはつまり、優秀な人材の獲得はより激しい競争になることを意味する。企業が成功をつかむためには、若い才能を惹きつけ新規採用者を選別していく力を上げなければならないだろう。有望な人材を採用したら、育成をできるだけ早く行い、セールス・プロフェッショナルの生産性をますます高いレベルへと引き

上げるために、必要なサービスを提供することが重要となる。

ビジネスにおける境界の消滅　ビジネスで生き残っていくためには、自社の業界を再定義する力が重要だと長い間認識されてきた。もしビジネスの講義を受けたことがあれば、おそらく時代遅れとなった製造業の例や、鉄道会社が自らを単なる鉄道事業者とみなし、より広い意味での運輸・交通市場の中で市場を捉えられなかったがゆえに倒産した話を覚えているかもしれない。今日において最も成功している企業は、ビジネスの境界を越えていくことに非常に長けている。たとえば10年前、Amazonは本を売っていただけだ。しかし今では巨大小売業として、業界にとらわれず、既存の小売業とロジスティクス業の垣根を取り払うことに成功している。

　競争の景観はサハラ砂漠のように変化し続けている。セールスは境界を越え、新たな市場に売り込むことはもちろん、自分の領域に入り込んでくるとは思いもしなかった企業と競い合うことにも十分に備えなければならないだろう。

■ 営業環境はミクロレベルでも変化している

　営業活動にインパクトを与えているのは、マクロレベルでの変化だけではない。ミクロなレベルでもまた数多くの変化がある。営業活動に関わっていれば、次に示す各カテゴリーに対しておそらく思うことがあるだろう。以下に、セールスが日々目にしている変化に関する数値を示す。

複数の買い手との関わり　複雑なB2Bの営業では、複数の買い手と関

わることはよくある。さらにそうした買い手の数は、ここ数年で着実に増えている。我々の2018年の調査によれば、買い手側チームの人数は平均6.4人まで上昇した。我々のクライアントによれば、そのチームを構成する買い手側チームの各メンバーの専門分野も多岐にわたっている。セールスは多数の買い手を管理し、それぞれの買い手が個人的なまたはビジネス上の目的を達成するうえで、どのような独自の課題や強み、アイデアを持っているのか突き止められなければならない。

ますますフォーマルになるプロセス 買い手側チームの規模が大きくなるにつれ、ビジネスはよりフォーマルな仕組み化されたプロセスに沿って行われるようになる。本書全体を通じ、顧客が意思決定やソリューションの導入においてどのような「パス」をたどるのかに大いに注目する理由の一つはここにある。

社内政治やビジネス的側面に基づく意思決定 チームの人数が増えれば、相互の力関係がより複雑になり、社内の政治的な力が関わってくる部分も大きくなる。またチームが意思決定する際には、ビジネス的な側面がより注目されるようにもなる。ROI分析を要求する顧客の割合は、過去5年平均40%から2016年には61%となっている。

買い手側の期待とニーズの進化 今日では、買い手側は今まで以上に広く情報へアクセスしている。これは、彼らがセールスと関わりを持つ時点ですでに多くの情報を持っていることを意味するが、一方で「よい」情報を持っていることを意味するとは限らない。さらに、買い手側は製品やサービス、ソリューションが「何であるか」よりも、それが「何をもたらしてくれるか」に関心がある。彼らが

知りたいのは、それが自分たちの課題を解決したり、ビジネスにおける目標を達成するためにいかに役立つかということである。こうした顧客の期待とニーズの進化は、製品等をビジネス上の価値にリンクさせるという従来とは異なる営業アプローチを要求する。この要求は、商品中心アプローチを基盤としたまま、「顧客中心アプローチ」を表面に薄く塗るくらいでは満たすことができない。

営業サイクルの長期化　2017年セールスベストプラクティス調査によれば、新たな顧客へのアプローチにおいては、営業サイクルが半年以上の案件は60％以上となっており、1年前の41％から上昇している。これは、買い手側チームの拡大、提供するソリューションの複雑化といったトレンドを反映している。セールス・イネーブルメントによってときに営業サイクルが短くなることはあるが、一般的に言えば、セールスや組織は長期化する営業サイクルに自らのアプローチを適応させる必要がある。

■ セールス・イネーブルメントの台頭

　買い手側のニーズの変化と営業パフォーマンスの低下の傾向によって、今、多くの企業でセールス・イネーブルメントに注目が集まっている。2013年の調査では、参加企業のわずか19％しかセールス・イネーブルメントに特化した人材やプログラム、部門を持っていなかった。しかし2017年の調査では、その数字は59％に上昇している。
　セールス・イネーブルメントが効果的かどうかは業績に大きな違いを生む。最新の調査によれば、セールス・イネーブルメントが期待通り機能しているかそれ以上と答えた組織はたったの35％であっ

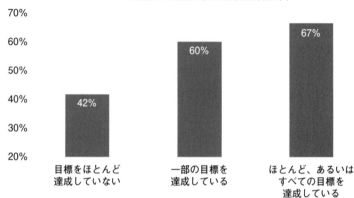

図Ⅰ.1 セールス・イネーブルメントの
成功との関係で見た業績目標達成率

© 2018 MILLER HEIMAN GROUP. ALL RIGHTS RESERVED.

た。しかしそう回答した35%の組織では、セールスの67%が業績目標を達成していた（**図Ⅰ.1**参照）。それに対して、一部の期待にしか応えていないと回答した組織では、目標を達成しているセールスは60%である。ほとんど期待に達していないと報告した組織では、基本的に営業チームを充分に支援できていないことを示しているが、目標を達成したセールスは42%に過ぎなかった。そしてこの最後のグループ（上図の左端）は、この調査の平均的な業績目標達成率58%をさらに下回っていたことになる。

　いったい何が上手くいっていないのだろうか？ 過去の調査や長期にわたる営業組織の現場における我々の経験から、いくつか重要な発見がある。

- セールス・イネーブルメントとは何であり、それが何をし、どのように効果的な仕組みとなり得るのかについて（社内でも）合意がなされていない。

第1部 イントロダクション

● 社内で合意がある場合でさえ、ほとんどのセールス・イネーブルメントの取り組みは不明確で曖昧な成果に基づいて決められている。
● セールス・イネーブルメントの取り組みのほとんどが、市場におけるマクロおよびミクロレベルの環境にセールスが適応できるための体制になっていない。

　本書の目的は、セールス・イネーブルメント機能を担う人たちが、営業チームが成功するために必要なスキルや知識、行動を開発し、パフォーマンスに現実的なインパクトを与えるような、持続可能で一貫性のあるセールス・イネーブルメントの仕組みを構築できるようにすることである。
　本書は次に紹介する通り、五つのパートで構成されている。

第1部： セールス・イネーブルメントとは何か、それがパフォーマンスの改善にどのように役立つかを定義し、土台を築く。

第2部： セールス・イネーブルメントのモデル（Sales Enable-ment Clarity Model）を紹介する。それは拡張性と適応性のある規範（discipline）を構築することを支援するフレームワークである。

第3部： セールス・イネーブルメントが提供するサービスや、それが効果的であるために何をすべきかのスコープについて掘り下げる。

第4部： フォーマルで協働的なプロセスを通じて、いかにこれらのサービスが生み出され、提供されるのかに着目する。そして、テクノロジーの役割と、成果の測定方法について検討する。

第5部： 最後に営業というプロの仕事がどこへ向かうのか、公式のセールス・イネーブルメントという仕組みが未来のセールスの成功にとって、いかになくてはならないものであるかについて検討する。

本書は、セールス・イネーブルメント機能の戦略実行の責任を持つリーダーから、パフォーマンス改善の方策を探っている経営層に至るすべての人に向けて書かれている。本書は二人の著者によるコラボレーションの成果である。

バイロン・マシューズ（CEO ミラーハイマングループ）

バイロンは営業に上級幹部としてのパースペクティブを提供しただけでなく、彼自身も Aflac、Mercer、Accenture を含む大企業の営業組織において長期にわたり実績を上げてきた経歴を持つ。そして現在、産業界で彼は AI 拡張型セールスやセールスの未来といったトピックに関する講演で引く手あまたとなっている。

タマラ・シェンク（リサーチ・ディレクター CSO インサイト）

CSO インサイトにおけるセールス・イネーブルメントの主席アナリストであるだけでなく、このトピックに関する著者、講演者、エバンジェリストとして注目されている。また、ミラーハイマングループに加わる前は、IT・電気通信事業のグローバル企業である T-Systems で、セールス・イネーブルメントの一担当者からセールス・イネーブルメント担当副社長へ昇格したという実績を持っている。

本書をただ読むだけでなく、行動を起こすための青写真とみなしてほしい。それぞれの章では、手引きとなるアドバイス、我々が推奨するやり方に関するエビデンス、そしてセールス・イネーブルメントの成功に向けて踏み出したあなたがすぐにできることを示している。各章の最後には、自社の組織内における他の関係者と関わる中で、検討すべき課題も提示した。

さらに、オンライン上にリソースセンター
（www.millerheimangroup.com/salesenablementguidebook）
を設置し、追加的なツールやリソースだけでなく、我々が参照した
報告書のコピーを入手できるようにした。本書で言及したリソース
だけでなく、新たな調査結果などが入手できればさらに資料を追加
していく予定である。

我々は皆様のご幸運を祈ります！

バイロン・マシューズ
CEO
ミラー・ハイマン・グループ

タマラ・シェンク
リサーチ・ディレクター
CSOインサイト

第1章

営業の科学

Science of Selling

キーポイント

- パフォーマンス向上をどう支援するかについてより明確なビジョンを提供し、セールス・イネーブルメントのプロフェッショナルやビジネスリーダーが、何が有効なのか理解できるようサポートする。

- 顧客関係性レベルや営業プロセスは営業の成功に等しく貢献する。調査が示すように顧客関係性レベルが高く、プロセスがよりフォーマルであるほど、営業のパフォーマンスは高くなる。

- セールス・イネーブルメントは関係性のレベル向上に貢献するとともに、社内で定義された営業プロセスを強化する。

- 「パースペクティブ営業」(Perspective Selling) はこれからの営業のあり方である。パースペクティブを提供することにより、買い手側は先に進めるようになり、売り手側はSRPマトリクス(後述)における顧客関係性レベルで上位に移行することができる。

営業はアートか科学か

30年前、営業はアートか科学かと尋ねたら、相手は怪訝な顔つきをしただろう。営業はアートだというのが当時の常識であった。営業は人間関係だと誰もが知っていたし、優れたセールスとは常に「人の気持ちがわかる人」であった。彼らが実際どう営業活動を行っていたかを正確に知ろうとしても、ある意味ではブラックボックスだった。しかし彼らが数字を上げている以上、組織のマネジメント層も特に気に留めていなかった。

数十年早送りしてみよう。セールスリーダーたちは今や、営業がアートであるのと同じくらい科学でもあることを認識している。活動・行動を追跡し、それを結果と結びつけるために必要なツールはもう手元にある。何が有効かを探るため勘に頼る必要はない。何が有効かはわかっているし、それを証明することもできる。

セールス・イネーブルメントのプロフェッショナルにとって、これはよい知らせだ。何が有効なのかがわかれば、自分の取り組みを効率よく方向づけることができる。本章では、何をどのように支援すべきなのか、より明確なビジョンを持つために営業の科学を掘り下げる。

顧客関係性/営業プロセスのダイナミクス

何千もの営業組織との仕事を通じて、我々は営業の成功には二つの重要なレベルがあることを突き止めた。次からのページに示すように、どちらのレベルもそれぞれ組織の進化を描写するスペクトラム（分布図）と見ることができる。

■ 顧客関係性レベル

レベル1　認定ベンダー　このレベルにある組織は自らが提供する製品やサービスの正当なサプライヤーであると大多数の顧客から見られているが、他のサプライヤーに対して持続的で圧倒的な競争力を持っているとはみなされていない。セールスは顧客がその製品で何をしようとしているのかを十分に理解しないまま、マーケティングやプロダクトマネジャーが提供するメッセージを利用して営業することがしばしばある。製品に関する情報を顧客が簡単に入手できるようになるにつれ、この種の関係性は、個々のセールスに依存するというよりも、AIによって将来的にはますます置き換えられやすくなる。

レベル2　優先サプライヤー　優先サプライヤーは、顧客が製品やサービスをどう使うかに関する知識を活用し、価値を付加する。製品やサービスに標準的な特徴や利点が備わっているだけでなく、信頼を積み重ねてきたという折り紙付きの実績を持っていることなどが強調される。このレベルの営業は、認定ベンダーと比べればステップアップしているが、買い手側と売り手側のやり取りはプロダクト志向で、ほぼ通常の商取引のままなので、未知の競争相手や市場の力に対して脆弱性を持つ。

レベル3　ソリューションコンサルタント　ソリューションコンサルタントは、自分の組織や商品ばかりを意識することをやめ、顧客のビジネスに関心を持ち、その深い理解へ到達するだけの専門性を持つ。また、顧客の直面する課題や到達すべき目標に関する質問を投げかけることで顧客と結びつき、そのうえでこれらのニーズにソ

リューションをつなげていく。つまり彼らは、商品が顧客のビジネスにとってどのような効果を持つのかについて、顧客に想像させるためのノウハウを持つ。

レベル4　戦略的な貢献者　戦略的な貢献者は、顧客についてさらに深い知識を持つ。すなわち、顧客の業界、競争相手、さらには顧客の取引先についての知識である。これにより、顧客に新たなパースペクティブを提供できれば付加価値を与えることができる。戦略的な貢献者にはしばしば、顧客側から声が掛かり、彼らが課題や選択し得るオプションについて検討できるようサポートする。それにより顧客にとって、競争相手にない明らかなアドバンテージを示すことになる。

レベル5　信頼できるパートナー　信頼できるパートナーは、顧客の長期的な成功のカギを握るとみなされる。顧客に関する知識は非常に深く幅があり、提供する価値も目先の営業に必ずしも限定されるわけではない。顧客は信頼できるパートナーを自らの組織の一部とみなすのである。

　戦略的な貢献者と信頼できるパートナーは、競争において明確な優位性を持ち、顧客のビジネスや市場に変化があれば、それに合わせて自社の営業戦略を適応できるという優位な立場にいる。そのため、多くの営業組織はレベル4や5を目指すかもしれないが、そのレベルにまで達している組織はわずかにしか過ぎない。我々が調査や研究の対象とする数多くの組織のうち、およそ75%はレベル3以下である。

　こうした顧客関係性レベルとあわせて重要なものが、次に紹介す

る営業プロセスレベルだ。

■ 営業プロセスレベル

レベル1 ランダム このレベルにある組織は見込み客や顧客とどう関わるかについて、単一の標準的プロセスを持っていない。セールスは自分のやり方でやればよいとされ、目標が達成されている限り、誰もとやかく言わない。セールスの業績が不十分であれば、多くの場合、管理職はプロセスではなく人を変えようとする。このレベルの組織は、自力で何とか成果を上げられる少数の業績優秀者に依存するため、失敗するリスクは常に高くなりがちである。

レベル2 インフォーマル このレベルにある組織には、文書化された営業プロセスがあるものの、必ずしも皆がそれにしたがっているわけではない。有能なセールスは依然として自分のやり方を許されている。さほど有能ではないセールスはプロセスを踏襲するよう奨励されるが、必ずしもパフォーマンスの改善につながるわけではない。というのも、多くの場合、そのプロセスはプロダクト志向の古い販売手法に基づいているからである。

レベル3 フォーマル このレベルの組織には、明確に規定された営業プロセスがあり、そのプロセスにしたがうように（ときにはうるさく）強制される。また、セールス・オペレーションが定期的にそのプロセスを見直すうえ、改善が必要なのはプロセスの遵守度なのかプロセスそのものなのかを判断するために、パフォーマンスを測定あるいは分析する指標（多

くの場合、CRMシステムのデータに基づく）が使用される。

　フォーマルなプロセスは、インフォーマルやランダムなアプローチよりはるかに優れているが、セールスが状況、すなわちマクロレベルやミクロレベルの力の変化に適応するだけの柔軟性を欠くという面もある。現行のプロセスが上手くいかなくなると、そのフォーマルなプロセスは形骸化してしまう。最新のベストセラー本が推奨するやり方に影響されて営業の方法論を頻繁に入れ替えていけば、営業チームに混乱をもたらすうえ、真に採用すべき方法論の全般に対してまで信頼を失わせることになりかねない。

レベル4　ダイナミック　ダイナミック・プロセスは、ある意味ではフォーマルであるものの、その適応性に特徴を持つ。このレベルの企業はセールスが状況に応じた柔軟性を身につけること、またはそれをサポートするプロセスに注目する。プロセスの見直しは年に1回や、次のベストセラーが出たからといったタイミングではなく、状況に応じて臨機応変に行われる。このレベルの組織では、業績の重要指標を常に取り込み継続的に分析することで、市場に変化が起きても他社よりかなり先にプロセスを適応させることができる。また、このレベルの企業はAIをそのプロセスに活用するなど最先端を走っているが、これについては関連テクノロジーについて論じる第10章で詳しく説明する。

　これらのプロセスレベルについての我々の最新の研究では、ランダムまたはインフォーマルなプロセスを持っていた会社と、フォーマルまたはダイナミックなプロセスを持っていた会社は均等に分かれていた。また、我々がそうした点を経営幹部たちとの一対一の会話で掘り下げてみると、ほとんどの幹部が、プロセスの定義につい

てどれだけ考えていても、思ったようにそのプロセスを実行できていないことを認めている。

■ 顧客関係性と営業プロセス(SRP)マトリクス

　前節までを読んだ後、あなたは自分の会社がこのマトリクスのどこに位置するのかをきっと考えただろう。多くの人が、おそらく戦略的な貢献者か信頼できるパートナーとみなされたいと考えただろうし、営業プロセスをもう少しフォーマルに近づける必要があると考えたかもしれない。とはいえ、本当にそのための努力をするだけの価値はあるのだろうか?

　この質問に答えるために、顧客関係性と営業プロセスのレベルをSRP(Sales Relationship Process)マトリクスと組み合わせ、数千の営業組織をその上にマッピングして、関係性とプロセスがパフォーマンスに及ぼす影響を測定した。まずマトリクス上でさまざまな企業がどこに位置するかを見てみよう(**図1.1**参照)。48%の組織がレベル2のゾーンに入っているのは驚くことではない。そうした組織のプロセス(横軸)はフォーマルとインフォーマルの間にあり、ダイナミックなレベルにあることはまずない。顧客関係性(縦軸)を見れば認定ベンダーの段階を超えてはいるが、戦略的な貢献者になっている組織はほとんどなく、信頼できるパートナーにまで到達している組織はもっと少ない。それ以外の組織はレベル3とレベル1に分かれている。

　これらの各パフォーマンスレベルの業績を測定するために、ほぼすべての組織に当てはまる標準的な指標(案件成約率、セールスの売上目標達成率、組織の売上達成率)を使用した。各測定について、

図1.1 SRPマトリクス パフォーマンスレベル

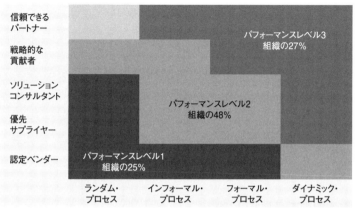

© 2018 MILLER HEIMAN GROUP. ALL RIGHTS RESERVED.

図1.2 SRPマトリクス パフォーマンスレベルごとの結果

	パフォーマンスレベル1	パフォーマンスレベル2	パフォーマンスレベル3
案件成約率	41%	47%	53%
売上目標を達成したセールス比率	47%	54%	60%
組織の売上目標達成率	84%	84%	89%

© 2018 MILLER HEIMAN GROUP. ALL RIGHTS RESERVED.

レベルが上がっていくにつれ、パフォーマンスに目覚ましい違いが見られた（**図1.2**参照）。

ほとんどの組織では、セールス・オペレーションが営業プロセスの定義から管理、測定までを担当している。しかし、本書全体を通して論じるように、セールス・イネーブルメントは、そのチームが提供するサービスを通じて、プロセスを促進しかつ強化するうえでより重要な役割を果たす。

顧客関係性の領域については、セールス・イネーブルメントがイ

ニシアチブを発揮することになる。その目的は、顧客接点にあるプロフェッショナルがあらゆるやり取りの中で顧客に付加価値を与えられるようにすることである。顧客への付加価値の提供は、組織に絶えずより高いパフォーマンスを発揮させるための方法でもある。セールス・イネーブルメントは営業プロセスに対して責任を負うわけではないが、営業プロセスの定義を念頭に置いてサービスを設計しなければならない。そうしたイネーブルメント・サービスの設計が、営業プロセスの強化に役立つことになる。

■ SRPマトリクスにおけるレベルアップ

　自社がSRPマトリクスのどこに位置するかを確認すれば、次は自ずと、レベルを上げるために何をすべきかを考えるだろう。我々の2017年セールスベストプラクティス調査では、「パフォーマンスに最も強く結びついているのは何か」を理解するため、60以上のセールス・プラクティスを検討した。その結果、**表1.1**に示したように、上位12項目が浮かび上がった。

　リストからわかるように、そこにはスキル、プロセス、システム、テクノロジーへの投資が必要となる施策が含まれている。これらの施策の多くは、「セールスが顧客のニーズに適したソリューションを一貫して効果的に提示できるようにする」ためのもの、つまり組織のセールス・イネーブルメントの取り組みの強さによって直接影響を受けるものだ。

　このリストを確定した後、調査に参加した1300以上の組織を調べ、上位12項目のうち少なくとも10項目でとりわけ優秀なワールドクラスの組織を抽出した。予想通り、該当したのは調査対象となったす

表1.1　ワールドクラスの「ベストプラクティス」　上位12項目

1. セールスは顧客の要望に沿ったソリューションについて効果的で一貫性のある説明をしている

2. ブランドプロミスに則った一貫性のあるカスタマーエクスペリエンスを提供している

3. トップパフォーマーがなぜ成功を収めるのか継続的に評価している

4. セールスが離職するとき、常にその理由を突き止めている

5. 営業組織及びサービス部門のベストプラクティスを効果的に集め共有している

6. セールスマネジャーは営業部隊が営業ツールやリソースを効果的に使用できるよう指導する責任を負っている

7. セールスは顧客や見込み客の要望に合わせた適切で効果的な価値メッセージを伝えている

8. セールスとセールスリーダーの継続的な能力開発を支援する文化がある

9. パフォーマンスレビュープロセスの一環として、個人ごとにパフォーマンス向上のためのプランを作成し実施状況を確認している

10. 顧客はどのチャネルを使用しても常に期待に応えるサービスを提供されている

11. セールスチームは、顧客が当社との取引をやめた理由を突き止めている

12. セールスは値引きせずに効果的に価値を提供できている。あるいは値引きに見合う価値を獲得している

べての組織のうちわずか7%であった。ワールドクラスの組織とは、事実上特別クラスの組織と言える。

そうしたワールドクラスの組織は、回答者の母集団全体に対してあらゆる項目で優れていた。たとえば、セールスの売上目標達成率は、全体平均で見ると53%だが、ワールドクラスの組織だけで見ると70%まで上昇している。ほとんどのセールス業界の専門家は65～70%の達成率を推奨しているが、この値はまさにそのレベルであった（売上目標に対して目標を達成したセールスが多すぎる場合はそもそもの目標数値が低すぎることを強く示唆している）。

そして分析の最終段階では、ワールドクラスの業績を示す7%の組織をSRPマトリクスにプロットした。こちらも予想通り、大多数のパフォーマンスレベルは最高の3であった。しかしこの調査は同時に、ワールドクラスのすべての組織が最高水準の関係性やプロセスに達成しているわけではないことも明らかにしている（**図1.3**の各ドットはワールドクラスの組織を表している）。

図1.3　SRPマトリクス上のワールドクラス組織の分布

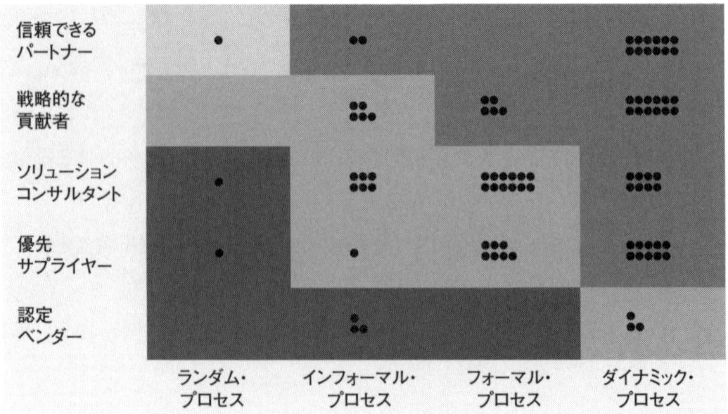

©2018 MILLER HEIMAN GROUP. ALL RIGHTS RESERVED.

■「ワールドクラス」がすべてではない

SRPマトリクスでレベルが上がればパフォーマンスにインパクトを与えることができるが、すべての組織がパフォーマンスレベル3を狙うことができるわけでも、そうすべきでもない。ここではいくつかの例を示そう。

小さな法律事務所 法律事務所やその他の小規模コンサルティング業では、クライアントへのサービスや納品の管理を行う者が、その営業も担当することが多い。クライアントとの長期的な関係性が重要であり、営業プロセスはインフォーマルかランダムであることが多いが、サービスの性質上、顧客関係性レベルでは信頼できるパートナーとみなされるであろう。

この種の優秀な組織では、関係性のレベルは高くなるものの、プロセスのレベルはそれほど高くない場合も多い。組織が小さく、それ以上の拡大を望まない場合はそれでよいだろう。問題は、コンサルティング業を拡大すればレベルが上がるというものではないということである。むしろワールドクラスの地位を維持するためには、プロセスを成熟させなければならなくなり、それには投資も必要になるだろう。

コモディティを扱う大規模組織 マトリクスの反対の端にはコモディティ化した商品を扱う大規模な組織がある。たとえば製紙メーカーが好例だろう。扱われる製品は重要だが、必ずしも戦略的価値を持つわけではない。たいていはコストと入手しやすさが購買の決定を促し、購買サイクルは、価格設定や納期に関する情報に基づき

ながら、さまざまなベンダーに働きかける調達チーム次第となる。

このような組織の場合、顧客関係性のレベルで優先サプライヤーとなれば上出来だろう。しかし、市場や顧客のニーズを常に分析することで、営業組織はワールドクラスレベルの成功をもたらすためのプロセスを特定し、文書化することができる。より戦略的なサービスを提供する別の組織を買収するケースなどに備え、プロセスをよりフォーマル化し、統合ができるよう準備しておくべきである。

■ 営業組織の進化

本章ではこれまで、SRPマトリクスを導入し、そこでレベルを上げることがいかにパフォーマンスの改善と結びついているかを説明した。そのうえで、ワールドクラスの組織が一貫して示す行動についても論じてきた。具体的なセールス・イネーブルメントの内容に踏み込む前に、営業組織がどのように進化してきたか、また時代遅れの販売手法への執着がいかにパフォーマンス改善の大きな妨げになっているのかについても触れておく必要がある。

何年にもわたって何百もの販売手法が紹介されてきたが、近代（ポスト工業化時代）においては、その大半が、以下の三つの段階のどこかに位置づけられる。

1. **商品** 誰もがインターネットを使うようになる前、商品の詳細な仕様などの情報が必要であれば、買い手はセールスにコンタクトしていた。他に情報を得るすべがなかったからだ。たまたま出くわす口コミのお薦めを除けば、多くの買い手は自分にどのような選択肢が

あるのかすら全く知りようがなかった。セールスに商品のことを教えてもらおうとすれば、丸一日デモンストレーションに付き合わされることもあった。したがってセールスの役割は商品のエキスパートであり、顧客の問題を即座に理解し、そのニーズに商品を合わせなければならなかった。

2. **特徴と利点**　次第に、商品の特徴を、顧客の求める利点に変換できる人が最高のセールスとされるようになった。何十年もの間、これが妥当な手法だったことは間違いない。しかし、こうした特徴と利点営業の段階においては、アプローチはフォーマルなものとなっていく。「ペイン・チェーン（問題の連鎖）」や「特徴と利点表」を作成する作業が大量に行われたが、結局のところ、営業は商品を軸として展開していた。

3. **ソリューション/コンサルティング営業**　商品中心の営業からの真の飛躍は、「ソリューション営業」というコンセプトによって初めてもたらされた。「ソリューション営業」において、顧客の目的を理解するためにセールスは診断スキルを使うことになる。顧客に商品の特徴と利点を伝えるだけで、選別は顧客にすべてを委ねるのではなく、コンサルティング営業ができるセールスは顧客のニーズに合わせてソリューションを用意し、それを買い手側の言葉で表現する。

　これらの説明が、おそらく先に説明した顧客関係性マトリクスと相関していることに気づいた方もいるだろう。認定ベンダーのレベルの組織は、しばしば時代遅れのプロダクト志向のアプローチをしている。特徴と利点営業へと移行すれば、優先サプライヤーとなる助

けにはなるかもしれないが、そのレベルのさらに先に行くことは難しい。ソリューション/コンサルティング営業はレベル3（ソリューションコンサルタント）とぴったり合致する。

しかし、戦略的な貢献者や信頼できるパートナーのレベルへとなかなか移行できない会社が多い理由の一つは、「パースペクティブ営業」という次の段階に進化できていないことにある。

┃ パースペクティブ営業：
営業の進化における次のステップ

高度に情報化された世界では、セールス・プロフェッショナルは買い手に対して異なるアプローチを取る必要がある。買い手は情報（および誤情報）で武装してテーブルについており、その商品によってできることやできないこと、その商品が競争相手に対してどんな優位性を持つのか、といったことについて先入観を持っている。もし買い手が自らの課題や、その課題に対してどのような有効なソリューションがあり得るかについて考えを持っており、そうした考えがこちらの提供する商品とそぐわない場合、セールスは直ちに難しい環境に置かれることになるだろう。

優れたセールス・プロフェッショナルは、顧客が抱える課題や望んでいる結果について深く理解し、深い知識を、類似の顧客と関わる中で得た経験やインサイト、あるいはどのようなソリューションがあり得るかといったことに関する知識と組み合わせることによって、新たなパースペクティブを与える

優れたセールス・プロフェッショナルは、顧客が抱える課題や望んでいる結果について深く理解し、深い知識を、類似の顧客と関わる中で得た経験やインサイト、あるいはどのようなソリューションがあり得るかといったことに関する知識と組み合わせることによって、新たなパースペクティブを与える。

彼らはまた、関連する調査、ソート・リーダーシップ（企業等が発信する世の中の課題解決に関する主張）、特定の分野での専門家などを情報源として専門性を取り入れることで、買い手が自らの課題と購買の機会に対し、新しい見方ができるように支援する。我々はこれを「パースペクティブ営業」と呼ぶ。これはカスタマーパスのあらゆるフェーズで適用することができるものである。

カスタマーパスについては第3章で掘り下げる。とりあえずここでは、カスタマーパスとは、顧客が課題や機会と向き合い、情報を収集し、決定を下し、ソリューションを導入する際にたどっていくプロセスと考えておこう。

顧客が引き続き情報を収集している一方で、セールス・プロフェッショナルは顧客が深く考えられるようにガイドし、彼らが考えたこともない領域を探索できるように戦略的な質問をしたり、思考を触発するインサイト（洞察）や情報を提供したりする。そうしたパースペクティブを提供することで、見込み客や顧客は、自らの課題が実際のビジネスとどう関わり、そして現状を変える決断をすることでどのような結果を達成し得るのか理解しやすくなる。もし顧客が変化を決心しなければ、購買フェーズまで彼らが進むことはないだろう。しかし、セールスが提供するパースペクティブが、顧客が重視する指標において目に見える形でビジネス的な価値を示すことができれば、顧客は現状を変える決断をするかもしれない。

顧客が購入へと進むにつれて、セールス・プロフェッショナルはさ

らなるエビデンスを提供し、顧客が課題を解決して目標を達成する最善のやり方を判断できるようにサポートする。「パースペクティブ営業」は、すでに提供した価値を顧客が再認識できるような視点を与えるという点では、商談がまとまった後でさえ意味を持つと言える。

ソリューション営業は終わったのではない：進化したのである

　2012年6月、Harvard Business Review誌は「ソリューション営業の終焉」を宣言した記事を発表した。そこで後継者として選定されたのが、それまで「挑戦者」とみなされていたセールスが行う「インサイト営業」であった。この手法の特徴は、営業は「緊張を生む」、「顧客の思考方法をひっくり返す」とする点にあり、「ソリューション営業」とは正反対のものとされている。

　しかし実際には「ソリューション営業」は消滅しなかった。顧客が当初認識していなかったニーズを浮かび上がらせる手助けをする、あるいは顧客が自らの課題や購買機会などと向き合えるように質問スキルを活用するといった、ソリューション営業の理念は依然として非常に有効な手法である。顧客にパースペクティブを提供し、相互に学び合うことでやり取りの質を高め、最終的には関係性を広げるテクニックと結びつくことで、「ソリューション営業」はより付加価値の高いビジネスレベルのアプローチ、すなわち「パースペクティブ営業」へと進化したわけである。

　ではなぜ、「ソリューション営業」は、結局は放棄されることなく「パースペクティブ営業」へと進化したのだろうか？

■「パースペクティブ営業」と言っても、色々なタイプのセールスに適

応する。変数が多すぎるため、普遍的に上手くいく唯一のセールス
のタイプを定義することはできない。成功の仕方は、業界、営業環
境、営業のタイプ、顧客セグメントなどによって異なるため、あまり
広く定義するのではなく、営業組織に固有の文脈に埋め込まれるべ
きであろう。

■「パースペクティブ営業」はさまざまなタイプの顧客とも関わりを持
つ。ミラーハイマングループの調査によると、意思決定のスタイルに
は五つのタイプがあることがわかっている。それぞれのスタイルでど
のようにデータを読み取り、どのように意思決定を行うかに応じて、
情報の提示の仕方は変える必要がある。複雑な営業状況では、売り
手側と買い手側とでそれぞれ5人以上が関与しているようなこともよ
くある。そのため、さまざまなスタイルでインサイトを提供できるよ
う、機敏性と適応性が要求される。

■「パースペクティブ営業」は顧客の関心を捉えるために多様な方法を提
供する。顧客にインサイトを提供するやり方はたくさんあり、ユニー
クな意見を言えばよいというわけではない。ミラーハイマングループ
がこれまでに長く強調してきた手法は、未知のニーズや機会に顧客
が気づくよう、顧客の持つ成功の定義を広げ、新しいソリューション
があることを顧客に気づいてもらうためのバリュードライバー（企業
価値を生みだすもの）となることである。

■「パースペクティブ営業」は会話や関係性をより広い文脈として活用
する。確かに混乱をもたらすような情報によって顧客との関係性が深
まることもあり得る。しかし、その前提には信頼関係が築けている必
要がある。営業をするうえで、顧客にとって刺激が強い情報を共有

し、良好な関係を壊すのではなく、彼らが深く考えられるように手助けをしたいなら、まずそうできる立場を確保しなければならない。

■ 「パースペクティブ営業」はさまざまな営業シナリオに適応する。営業活動は新しい見込み客のためだけに行うものではない。実際、CSOインサイトの調査によると、平均で営業組織の売上の68%は既存顧客から得られているという。また、購買サイクルにおける導入フェーズにある顧客や購買の更新を検討している顧客は、色々と混乱させられるよりも寄り添ったサポートに価値を見い出している。

　営業組織が成功するうえで重要なことは、優秀なセールスとしての必要な能力を定義し、ふさわしい営業の方法論を選択することである。そして営業プロセスを臨機応変でダイナミックなものと定義し、さらにはセールス・イネーブルメントの仕組をロードマップに描くことであろう。セールス・イネーブルメントはこれらの活動を、営業現場の要望ときちんと合致するよう統合・推進し、そのうえで調整するというユニークな立場にある。

■ パフォーマンスのフレームワーク

　パフォーマンスに何がインパクトを与えるのかについて整理して見てきたことで、何を支援する必要があるかも理解しやすくなったはずである。

　しかし、セールス・イネーブルメントとは正確には何なのか？　そして、それはどのようにして行うのか？　多くの組織が、セールス・イネーブルメントとは何か、どうすれば上手くいくのかよく考えず

に、セールス・イネーブルメントに取り掛かり、失敗している。確かに、どんな成果を達成しようとするかは考えているかもしれないが、どのようなアプローチが望ましい成果につながるかについては十分に考えられているとは言えない。

　第2部では、セールス・イネーブルメントを定義することから始めよう。それにより、「セールス・イネーブルメントとは何か」について共通理解を持つことができるだろう。そのうえで、セールス・イネーブルメントに構造を与えるフレームワークを示していく。

検討課題

● 自社は今SRPマトリクスのどこに位置づけられますか？　その結論の根拠となるエビデンスは何ですか？

● (自社にとって)理想とするポジションはどこですか？　その理由は？

● 12のワールドクラス・プラクティスのうち、自社でできているのはどれですか？

● 顧客との関係性を改善し、プロセスを強化するためにどのようにセールス・イネーブルメントの仕組みが活用できますか？

● セールス・プロフェッショナルが見込み客や顧客と日々やり取りする中で、常に価値や新たなパースペクティブを提供できるよう、どのような支援をしていますか？

セールス・イネーブルメントの共通定義

Laying the Foundation

この本のイントロダクションで述べたように、ほとんどの組織はセールス・イネーブルメントとは何かについて共通の定義を持っていない。確かに、各組織においては個別に独自のコンセプトを持っている場合もあるが、そうしたコンセプトは互いに大きく食い違うため、有益な議論にならないことが多々ある。

　そこで第2部では、セールス・イネーブルメントとは何か、その共通定義を示し、また、それがなぜセールス・イネーブルメントなのか、その目標と、目標にどう達するのか、そのサービスが誰に向けて提供されるのかを示す。それらは、我々の長年の調査やクライアントをサポートしてきた経験、セールス・イネーブルメントのプロフェッショナルとしての自らの経験に基づいており、今後の議論の土台となるであろうし、同時に、あなたの組織でなされる議論の土台ともなるであろう。

　しかし定義だけでは不十分である。セールス・イネーブルメントが何であり、何のためにあるのかをただ知っているだけでは、実際にセールス・イネーブルメントをどう生み出していけばいいのかはわからない。実践的なガイドとしてのモデルがあれば、一歩一歩このセールス・イネーブルメントという機能を構築していくヒントになるであろう。

　そこでまずこの章では、セールス・イネーブルメント・クラリティ・モデル（Sales Force Enablement Clarity Model）を導入して、セールス・イネーブルメントが持つ多くのファセット（面※）を俯瞰する。そして続く第3章と第4章では、セールス・イネーブルメント・クラリティ・モデルの土台となるそれらのファセットをより詳しく見ることによって、セールス・イネーブルメントに対する共通認識を持てるようにする。これらのファセットを正しく理解すれば、あなたのチームや組織は成功への道を歩みだすこ

とができるだろう。

　第1部でも述べたように、本書は、概念を学ぶだけでなく、それを実施するうえで役立つように書かれている。各章には、セールス・イネーブルメントの取り組みを順調にスタートできるよう、引き続き検討課題を示し、必要に応じて活用すべきモデルやアクション、アドバイスも掲載している。

※本書では、セールス・イネーブルメントの全体像をダイヤモンドを使って示す（54ページ参照）。

・初めから滑らかで洗練された形のダイヤモンドは自然界にはほとんど存在せず、磨き上げながら美しい形に仕上げていくものである。
・ダイヤモンドにはたいてい、いくつかのファセット(面)があり、それにより美しく輝くものである。

以上のことから、本書では、セールス・イネーブルメントを構成する要素をファセットと表現している。

第2章

セールス・イネーブルメント
が持つ多面性

The Many Facets of Sales Force Enablement

キーポイント

■ セールス・イネーブルメントの共通の定義は、営業活動をどのように支援するかに関する生産的な議論を行うための前提条件である。

■ 多くの人がセールス・イネーブルメントの取り組みに貢献することになる。セールス・イネーブルメントのプロフェッショナルは、彼らの協働を統合(orchestrate)することによって一貫性と実効性を確保できる。

■ 実効性を持たせるためには、マーケティングやトレーニングといった他の機能がセールス・イネーブルメントに貢献するとしても、セールス・イネーブルメントそのものはそれらの個別の機能とは区別される戦略的な規範（discipline）とみなされなければならない。

■ セールス・イネーブルメント・クラリティ・モデルは、セールス・イネーブルメントを総合的に整備するためのフレームワークを提供する。そのモデルのあらゆるファセットはパフォーマンスの向上と相関している。

■ セールス・イネーブルメントとは何か？

重要な会議の後、「まだ混乱しているが、より高いレベルで混乱している」といった冗談を耳にしたことはないだろうか？　誰しも、自分が関わり、導き、説得しようと思う人と話が噛み合わず、このような経験をしたことがあるだろう。

> 「ここに来る前、この件について私は混乱していました。あなたの講義を聞いて、まだ混乱しています。ただし、より高いレベルで」
>
> エンリコ・フェルミ
> 物理学者、世界初の原子炉の発明者

ビジネスで意見が噛み合わないのはたいていの場合、哲学や知性に違いがあるからではなく、皆が使うキーワードやフレーズの理解が異なるからであることが多い。クライアントとセールス・イネーブルメントについて議論する際、会話を中断し、その場にいる全員が理解を共有しているかどうかを確認しなければならないことがしばしばある。

我々の議論を支える共通定義があれば大いに助かるだろう。

セールス・イネーブルメントとは、顧客接点のプロフェッショナルやそのマネジャーが日々の顧客とのやり取りの中で付加価値を与えられるような、一貫性と拡張性のあるサービスを提供することによって、予測可能な営業成果を増やすよう設計された、戦略的で協働的な、規範(に基づく取り組み)である

これが、私たちが開発し、クライアントにも有効だった定義である。

一行一行定義を解読する必要はないが、注意してほしい点がいくつかある。

セールス・イネーブルメントは戦略的な規範である

セールス・イネーブルメントは一度だけの取り組みでもなければ、ある特定チームに割り当てられた補助的な仕事などでもない。組織の存亡は営業チームの成功にかかっている。営業チームを戦略的に支援することが最優先事項の一つと考えるのは完全に理に適ったことであろう。

セールス・イネーブルメントは
セールス・プロフェッショナルだけに関わるわけではない

営業現場にいる担当者がしばしば支援の中心に置かれるが、営業活動には組織内のさらに多くの人が関わっている。セールス・イネーブルメントとは営業チームを支援することであると同時に、組織内で顧客と関わるすべての人を支援するということでもある。そこには、セールスやサービススタッフ、さらには顧客と直接的に、またはセールスを通じてやり取りするマーケティングのような部門も含まれている。また、訪問客へのよりよいサービスの提供を目指す組織では、受付担当者さえ支援の対象に含まれるだろう。

セールスだけではなくさまざまな役割を支援するサービスがあることは、ある意味ではワールドクラスの営業組織の証とも言える。しかし本書では、多くの組織の現状を踏まえ、営業に携わる人々の支援に焦点を当てることにする。

セールスマネジャーが重要な役割を果たす

　　セールスマネジャーは、顧客開拓戦略の効果的な実行を実質的に担当するのだから、当然ながら彼らも支援される必要がある。セールス・イネーブルメントはセールスに営業ツールを提供できるが、セールスを統率するマネジャーが現場でのツールの使用方法に精通しておらず、その適切な選択や使い方を指導できなければ、せっかく支援のために行った投資をリスクにさらすことになる。

すべてを行う必要はない

　　セールス・イネーブルメントのプロフェッショナルであれば、こう言われるとホッとするだろう。セールス・イネーブルメントを持つ組織のほとんどは、あれもこれもやれるだけのスタッフやリソースを持っていない。セールス・イネーブルメントには組織内のさまざまな個人やチームとの組織横断的な取り組みが必要になる。後の章で、協働的で規範に基づく取り組みをどう立ち上げるかについて詳しく論じよう。

■ 複雑性の舵取り

　特に、組織的なサポートをまだ十分に得られていないセールス・イネーブルメントのリーダーにとって、我々が定義した通りのセールス・イネーブルメントを実現することは、とてつもなく大変な作業だと思えるかもしれない。あくまでも「定義」は、セールス・イネーブルメントの取り組みとしての理想像を描き出すものであり、そうした理想に到達するには時間がかかることを理解しておくべきだろう。組織が違えば、出発点も目標も、そこへの到達方法も、す

べてが異なるだろう。それでいいのである！

　よく「物事はシンプルに」といったアドバイスがされるが、それはセールス・イネーブルメントの規範に基づく取り組みに当てはまるとは必ずしも言えない。そうしたアドバイスをする人は使いやすいセールス・イネーブルメント・サービスを望むだろうが、だからといって、そのサービスを何の苦もなく生み出せるわけではない。

　セールス・イネーブルメントを整備していく道のりは困難なものかもしれない。そもそも、組織横断のコラボレーションが容易になされることはまずない。しかし、実際に起こっているリアルな事例や我々の研究が示すように、あなたの努力は必ず報われるだろう。

■ セールス・イネーブルメント・クラリティ・モデル

　それがセールス・イネーブルメントと呼べるものであったかどうかはともかく、あなたが最後に関わった大きなプロジェクトを思い出してみよう。おそらく、プロジェクトの目標や、全体的なアプローチ、現在の状況や、次のステップなどを明確にしようと、他の関係者とのミーティングに多くの時間を費やしたはずだ。そうした物事が明確に共有されていなければ、誰もが自分なりの道を進んでしまうため、プロジェクトの結果は目指したものとまるで異なるものとなる。

　セールス・イネーブルメント・クラリティ・モデル（**図2.1**参照）は、セールス・イネーブルメントの規範に基づく取り組みに共通の着眼点を提示する。本章では、その各ファセットについて簡単に触れておこう。そして、後の章で、個々のファセットについて詳しく論じ、あなたの組織がそれぞれのファセットにいかにアプローチす

べきかについてのガイダンスを提供する。

このモデルをダイヤモンドで表現したことにはいくつかの理由がある。主たる理由は、滑らかに磨かれたダイヤモンドを自然の中で見つけることなどないということである。地中から採掘されるすべてのダイヤモンドは、宝飾店のケースに展示されている完成品とは全く異なる。同様に、あなたのセールス・イネーブルメントの取り組みもまた、滑らかで洗練された形になるまでに多くの努力が必要となるだろう。

さらに、採掘されたダイヤモンドのうち、完璧なものは約2%だけだとされている。完璧なセールス・イネーブルメントの規範に基づく取り組みがなされている割合はさらに低い。ほぼゼロと言ってもいいだろう。しかし、多少の傷があったとしても、ダイヤモンドに

図2.1　セールス・イネーブルメント・クラリティ・モデル

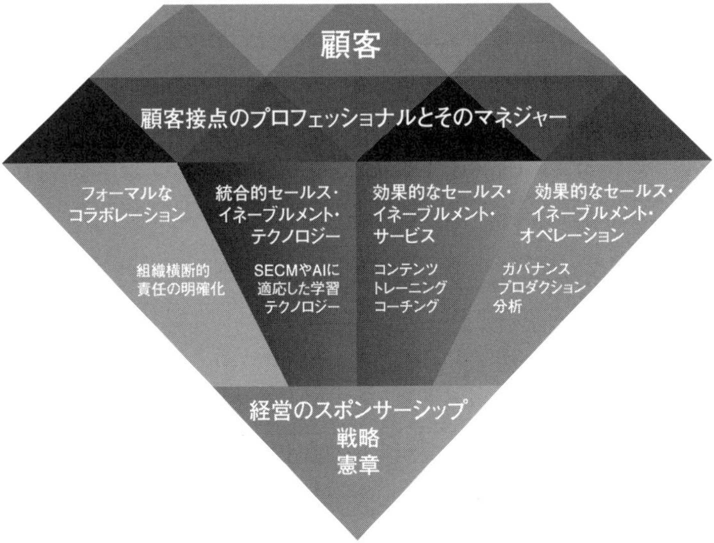

© 2018 MILLER HEIMAN GROUP. ALL RIGHTS RESERVED.

は明らかな価値がある。セールス・イネーブルメントについても同じことが言える。（達成不可能な）完全性を追求しようとすれば、むしろ先へ進めなくなるだろう。

　最後に、ダイヤモンドには多くのファセットがある。だからこそ、ダイヤモンドは効果的なセールス・イネーブルメントの多くのファセットを表現するのにぴったりなのである。では、それぞれのファセットを拡大して見ていこう。

顧客　顧客は、営業の方法論がどれほど完璧に実行されたか、どれほど非の打ちどころのない営業内容であったか、セールスがどれほどしっかりとトレーニングされているかといったことに、直ちに気づくことはない。顧客が最初に（ときには唯一）気づくのは、顧客が持つ役割や課題、業界の特性や達成すべき目標といった、顧客について営業チーム側がどれほど理解しているかである。顧客はセールス・イネーブルメント・クラリティ・モデルの最上位にあり、提供されるすべてのセールス・イネーブルメント・サービスに反映されていなければならない。今は顧客の時代である。顧客がどのような環境にあり、彼らが自らの課題をどう捉え、どのような解決策があり得ると見ているか。そうした視点に基づいて顧客と関わり合うことによってのみ、セールスは成功を収めることができる。

　また、顧客の視点で物事を見るには、自らが置かれた組織の外側に立って考える必要がある。つまり、イネーブルメント・サービスをデザインする際には、顧客の立場に立たなければならない。たとえば、あるコンテンツ・サービスを顧客と一緒に使うものとして設計するなら、彼らはそのサービスについてどのように思うだろうか？
　顧客のカスタマーパスを見ることを忘れてはならない。常に心の

中で、自分自身がカスタマーパスを進んでいる様子を思い描いてみよう。そして、そのパスごとになされるやり取りについて、どのような意義や価値があるかを考えてみよう。

> **カスタマーパス：顧客が課題や機会と向き合い、情報を収集し、決定を下し、ソリューションを導入するプロセス。このパスは、顧客が行う購買の意思決定に応じて一つひとつ異なり、必ずしも一直線にはならない**

顧客接点のプロフェッショナルとそのマネジャー セールス・イネーブルメントの主要デザイン・ポイントとしては、顧客がセールス・イネーブルメント・クラリティ・モデルの最上位に位置する。しかし同時に、セールス・イネーブルメント・サービスは自社組織のニーズに合わせる必要がある。我々がセールス・イネーブルメントの定義において強調するように、顧客と接点を持つすべての担当者とそのマネジャーたちのニーズも忘れてはならない。ただ、こうした組織のニーズへの適応に関しては、セールス・イネーブルメントの実践が成熟していくことで、比較的容易に達成されるだろう。より明確に言えば、顧客接点のすべての担当者とそのマネジャーは、セールス・イネーブルメントがターゲットとする相手であり、彼らはセールス・イネーブルメントの顧客なのだ。

スポンサーシップ、戦略、憲章 次に、ダイヤモンドの一番下にある土台の部分を見ることにしよう。あらゆる取り組みは、もちろん戦略の決定から始める必要がある。しかし、セールス・イネーブルメントに関わる人々がその戦略を実際に実行する権限を持たず、ただ責任を持たされるだけであれば、最良のセールス・イネーブル

メントの施策があっても上手くはいかないだろう。つまり、経営層のスポンサーシップを得ることは必須である。

セールス・イネーブルメントが
パフォーマンスへ与えるインパクト

　セールス・イネーブルメント・クラリティ・モデルは、CSO インサイトが10年以上にわたって行ってきた研究から生まれた。次の表には、各ファセットと業績の改善との間にある主な相関を取り上げてある。細部については、本書を通じてより詳しく説明していこう。

ファセット	業績に与えるインパクト*
顧客	カスタマーパスに営業の活動を合わせることにより、成約率で10%、売上目標達成率で14%の改善が見られた。
顧客接点のプロフェッショナルとそのマネジャー	フォーマルなコーチング・プロセスでは、フォーキャストされた案件成約率で、2017年調査の平均成約率52%と比較して14%の改善。ダイナミックなコーチング・プロセスでは、成約率で平均と比較して28%の改善が見られた。
スポンサーシップ、戦略、憲章	フォーマルな憲章に基づくセールス・イネーブルメント・アプローチを採用している組織は、本研究の売上目標達成率の平均が58%であるのに対して74%を達成。その場しのぎの、またはプロジェクト・ベースのアプローチを採用している組織の売上目標達成率は43%に過ぎなかった。

効果的な セールス・イネーブルメント・ サービス	効果的なコンテンツ・サービスの導入では、売上目標達成率で8%の改善が見られた。また、効果的なトレーニング・サービスによる売上目標達成率は18〜22%ほど改善。効果的なコーチング・サービスの影響は大きく、フォーキャストされた案件の成約率も28%の改善を示した。
フォーマルな コラボレーション	部門をまたいだフォーマルなコラボレーション・プロセスを持つセールス・イネーブルメントの取り組みによって、売上目標達成率は7%の改善を示した。
統合的セールス・イネーブルメント・テクノロジー	電子メールなどの多元的な方法でコンテンツを共有する組織の平均的な売上目標達成率が57%であるのに対し、セールス・イネーブルメント・テクノロジーでコンテンツを共有し、CRMへ統合している組織の場合は63%に達する。
効果的な セールス・イネーブルメント・ オペレーション	我々の研究では、まだセールス・イネーブルメントのオペレーションが業績に与えるインパクトを直接的には調べていないが、第4部で説明するように、効果的なセールス・イネーブルメントの運営は、セールス・イネーブルメント・クラリティ・モデルの他のファセットに相関する業績改善を果たすうえで必須事項である。

*すべて、ミラーハイマングループ・CSOインサイト2017年調査の結果

　ダイヤモンドの中央部分には、セールス・イネーブルメント・サービス、コラボレーション、テクノロジー、オペレーションといった四つのファセットがある。ダイヤモンドの一番上と一番下のファセットはアプローチと戦略をカバーしているが、これら四つの側面

はセールス・イネーブルメントの内部メカニズムに関わっている。

効果的なセールス・イネーブルメント・サービス　このファセットは、組織が望む結果へと到達できるようにセールス・イネーブルメントが提供するサービスであり、組織内の顧客が目にする唯一のものである。また、彼らが組織外の誰かから「セールス・イネーブルメントとはどのようなことをするのか」と尋ねられた場合、このサービスのファセットについて話すことになるだろう。セールス・イネーブルメント・サービスの詳細については、第5章、第6章、第7章で論じる。

　残りの三つのファセットは、セールス・イネーブルメント・サービスの設計、作成、提供やプロセスの管理に必要な仕組みとそれぞれに深く関わっている。組織化されておらず場当たり的なランダムなプロセスから、組織化され臨機応変な変化にも対応できるダイナミックなプロセスレベルへの移行を論じるとき、しばしばこれらの側面に焦点を当てることになる。いわば、セールス・イネーブルメントの取り組みを安定させたり拡張させたりするうえで、不可欠となるファセットだ。

フォーマルなコラボレーション　セールス・イネーブルメントのプロフェッショナルは、組織内の他の多くの部門の助けを借りてイネーブルメント・サービスの作成・提供のプロセスを統合する必要がある。簡単そうに聞こえるかもしれないが、これは本書が提供する最も重要なポイントの一つである。あなたがセールス・イネーブルメントに取り掛かるとき、すべてを自分だけでやろうとしても決して上手くいかないだろう。コラボレーションの重要性やセールス・

イネーブルメント・サービスの開発・提供方法については、より多くを語らなければならない。

統合的セールス・イネーブルメント・テクノロジー　セールス・イネーブルメント・テクノロジーはセールス・イネーブルメントと同義語ではない。しかし近年では、適切なテクノロジーを適切に活用することで、競争における優位性を拡大することができる。セールス・イネーブルメントをサポートするための確固たるテクノロジー戦略を持たない組織は、明らかに不利な立場に置かれているとすら言えるであろう。

効果的なセールス・イネーブルメント・オペレーション　セールス・イネーブルメントの個々のファセットに関する議論の最後には、セールス・イネーブルメントがどのように管理され、組織内にいかに組み込まれるべきかを見ておこう。セールス・イネーブルメントのオペレーションは舞台裏でなされるため、ブラックボックスとみなされることが多い。しかし、セールス・イネーブルメントのマジックのすべてはその舞台裏で実際に起きているのである。多くの人はそうした舞台裏をあまり理解していないため、この重要なファセットは見過ごされがちになる。

　本書ではそんな無理解の罠に陥らないよう、セールス・イネーブルメント・ガバナンス・モデルとセールス・イネーブルメント・プロダクション・モデルについても詳しく触れる。さらに、セールス・イネーブルメントが機能しているかどうか、成果をどのように計測して理解するかといった重要な疑問にも答えていく。

■ セールス・イネーブルメントは誰のものか?

　セールス・イネーブルメントは急速に成長している考え方である。2013年のCSOインサイト営業パフォーマンスの最適化に関する調査では参加者の19%が、自社にセールス・イネーブルメントの機能や部門があるとしていたが、2016年にはその割合が33%になり、2017年には59%に達した。

　セールス・イネーブルメントの各ファセットの詳細に入っていく前に、よくある疑問に答えておくべきであろう。セールス・イネーブルメントは誰のものなのか?

　最近の傾向を見ると、セールス・イネーブルメントの取り組みはますます上級幹部の管掌となっていっている。2016年の調査では、セールス・イネーブルメント・チームの61%が上級セールスマネジャーに属していた。2017年には、その割合は73%となっている(**図2.2**参照)。CROやCEOに属するケースさえも増えている。これは、セールス・イネーブルメントが多くの組織で戦略的取り組みとして認知され始めていることを示している。よい兆候だ!

　また、18%の組織はセールス・イネーブルメントを依然として営業のオペレーション部門とみなしているが、その割合は明らかに下降傾向にある。もう一つのよい兆候と言えるだろう。これまでの調査では、こうした傾向は戦略的な営業のオペレーションを組織として持っている大企業で最も一般的に見ることができる。

　営業トレーニング部、人材開発部、マーケティング部などの他の部門にセールス・イネーブルメントの機能が組み込まれている割合も、同様に下方傾向にある。我々の調査によるとまだ兼任の組織は6〜10%ほどとなっており、このような配置は、セールス・イネーブルメントが開始されたばかりで、コンテンツやトレーニングなど一

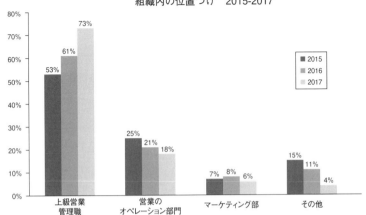

図2.2 セールス・イネーブルメント：
組織内の位置づけ 2015-2017

© 2018 MILLER HEIMAN GROUP. ALL RIGHTS RESERVED.

つの領域だけに焦点を当てている組織では一般的である。

各ファセットの検討

次の第3章から、セールス・イネーブルメント・クラリティ・モデルの各ファセットを見ていく。まずは、そもそも我々がビジネスを行っている理由、すなわち顧客に関わるファセットを見ることから始める。最初にこのファセットに手をつける理由は、言うまでもなく、あらゆるイネーブルメント・サービスが顧客を念頭に置いて設計される必要があるからだ。

検討課題

● あなたの組織ではセールス・イネーブルメントをどう定義していますか?

● 現在のレポートラインは、セールス・イネーブルメントを戦略的な規範に基づいた取り組みとして発展させることを促していますか、妨げていますか?

● 現行のセールス・イネーブルメントのフレームワークを図で示すとしたら、どのようなものになりますか?

● セールス・イネーブルメント・クラリティ・モデルの各ファセットをどの組織が担当していますか、また、どのようにして、それぞれの取り組みが全体へ統合されるようになっていますか?

● セールス・イネーブルメント・クラリティ・モデルのうち、見すごされている、あるいはあまり目を向けられていないファセットはどれですか? それによって有効性はどう妨げられていますか?

すぐにやるべきこと

あなたの組織のセールス・イネーブルメントをより適切に定義し、この規範を明確にするために、すぐにやるべきことを、いくつか書き出してみましょう。

第**3**章

カスタマーパス
The Customer's Path

キーポイント

- ■ 「カスタマーパス」とは、顧客が課題や機会に向き合い、情報を収集し、決定を下し、ソリューションを導入するプロセスである。

- ■ どの買い手も、毎回、購買の意思決定をするたびに独自のパスをたどる。そのパスは案件がファネルを進むにつれて変化する。

- ■ 案件が進展していく中で唯一の意思決定者は顧客である。したがって、顧客の進路を示すカスタマーパスがセールス・イネーブルメントの基本的なデザイン・ポイントとなる。

- ■ セールス・イネーブルメントはカスタマーパスの各フェーズに適したサービスを提供する必要がある。

- ■ カスタマーパスとダイナミック（柔軟かつ臨機応変）に合わせていくことで、成約率は10%、売上目標達成率は14%改善できる。
  ※CSOインサイト2017年調査の結果

顧客はセールス・イネーブルメントにとって 主要な「デザイン・ポイント」である

　セールス・イネーブルメントにまつわる議論に耳を傾けていると、顧客があまりにも見すごされているのに驚くことがある。営業プロセスや、そのプロセスをセールス・イネーブルメント・チームがどのようにサポートする必要があるかについては、多くの議論がなされている。しかし、顧客が課題や機会に向き合い、情報を収集し、決定を下し、ソリューションを導入するプロセス、すなわちカスタマーパスについての議論は非常に少ない。

　インターネットは、カスタマーパスとセールス・プロフェッショナルが果たす役割に根本的なインパクトを与えてきた。膨大な量の情報を買い手側が手にすることが可能となったため、セールスはかつてのような情報優位性を享受することはほとんどない。競合するセールスやソリューションとの差異化を図るため、付加価値をより高められるよう、セールスは製品やサービス、ソリューションの意味を相手にわかりやすい言葉で説明し、理解を促す必要がある。いつどのようにファネルを通り決定を下すのか。その裁量は買い手側がこれまで通り持っているので、セールスが顧客訪問やデモンストレーション、提案をどれだけしようとも、顧客が準備できていなければ、商談が前に進むことはない。セールス・イネーブルメントの役割は、顧客が各フェーズで真に必要とする価値を、セールスが付加できるようにするためのサービスとして提供することである。

　営業をことのほか難しくしている要因の一つは、顧客が違えばそのパスも異なり、同じパスなどないということである。たとえば、ビジネスを拡大しようと考えている小規模レストランのオーナーがたどるパスと、従業員用健康保険会社を新たに探しているフォーチュ

ン500企業の購買組織がたどるパスは大きく異なる。

　話はさらに複雑である。新しい保険会社と契約するためにフォーチュン500企業がたどるパスは、その企業の別の購買組織がダブリンの新しいオフィスで家具を調達する際にたどるパスとも大きく異なるのである。また、ダブリンのオフィスの購買組織は、シドニーでオフィス家具を購入しようとする別の似た組織とも異なるパスをたどるだろう。

　時間的な要素も関係している。通勤者が予期せぬ渋滞や工事中の建設現場を避けるため別のルートを使う必要があるように、個々の購買組織がたどるパスは、そのチームが置かれた環境に大きく左右される。そこには、イントロダクションで触れたマクロやミクロの市場の力や、組織内のダイナミクスが含まれる。

　絶えず変化するカスタマーパスに合わせるように、セールス・プロフェッショナルをサポートすることは、セールス・イネーブルメントにとって最も困難な課題の一つであると同時に、その成否は重要なインパクトを持つ。CSO インサイト2017年セールスベストプラクティス調査によれば、カスタマーパスへの連動を改善した営業組織では、成約率で10%、売上目標達成率で14%の向上が見られた。

　こうしたインパクトが、顧客（およびカスタマーパス）をイネーブルメント・サービスのための「デザイン・ポイント」と呼ぶ理由である。

　「数年前、私たちはセールス・イネーブルメントを実践する際のデザイン・ポイントを明確にするため、多くの研究を行いました。現状がどのようなものであり、そこでは何が必要とされているかを把握し、そのギャップを発見したいと思ったのです。そこで、関連するすべての部門や顧客へのインタビューを行いました。しかしやが

て、問題は、顧客が本当に欲しいものと私たちの商品がマッチしているかどうかではないと気づきました。結局、セールスは見込み客や顧客と上手くつき合っていかなければなりません。ですから、まずは顧客の方に目を向ける必要がありました。私たちが何を提供しているのか、それぞれの顧客固有の文脈に合わせて私たちが提供できる価値はどのようなものなのかを、まず顧客に十分理解してもらわなければならないと考えたのです」

クリスティーヌ・ドリオン
Callidus Cloud社
グローバル営業＆チャネル運営・支援担当副社長

■ 共通のフレームワーク

カスタマーパスはそれぞれの顧客に応じて独自性を持つが、少し俯瞰してみると、すべての顧客に共通する三つのフェーズがあることがわかる。認識、購買、導入である（**図3.1**参照）。

図3.1　カスタマーパス

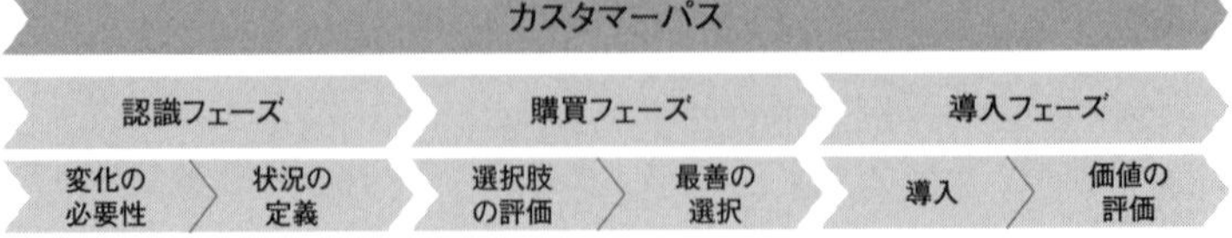

© 2018 MILLER HEIMAN GROUP. ALL RIGHTS RESERVED.

この三つのフェーズを論点として議論を進めていこう。**認識フェー
ズ**では、買い手側はまだ自らの課題や機会を定義したり、それらに
対してどのような取り組み方があるのか、どのようなソリューショ
ンの可能性があり得るのかといったことについて、情報を収集した
り検討したりしている。売り手側の多くが痛感しているように、現
在はインターネットで大量の情報を集められるため、買い手側がこ
のフェーズでセールスに声を掛けること自体が以前より後になり、
また課題の複雑さ次第で関わり方もさまざまなものになっている。

この認識フェーズでセールスがどのようなサービスを必要として
いるのか、セールス・イネーブルメント・チームがわかっていない
ことも意外と多い。なぜなら、それをマーケティングの役割とみな
しているためである。しかし実際には、マーケティングによるリー
ド・ジェネレーション（見込み客獲得のための活動）がいかに優れ
たものであったとしても、見込み客がファネルを最後まで進めるよ
うに取り計らうのはセールスの仕事だ。実際に、セールスが80%以
上のビジネスを生み出している組織もある。

セールス・イネーブルメントは認識フェーズでこそ重要である。なぜ
なら、セールス・イネーブルメントによってセールスは見込み客に早
期に関わり、すべてのやり取りを通して顧客に意義や価値を示し、製
品やソリューションを差異化するための準備ができるようになるか
らである

次の**購買フェーズ**は、セールスが最も力を込めたがるものであり、
コンテンツやトレーニングのサービスを提供するうえで、ほとんど
のセールス・イネーブルメントが焦点を当てているフェーズである。
このフェーズでセールスは、なぜ彼らのソリューションが最善であ

るのか顧客に示し、さまざまな質問に回答し、提案を作成し、あらゆる障害を取り除き、最終的に商談をまとめることが求められる。さらにそのすべてを、顧客との長期的な関係を構築しながら行う必要がある。

　そして最後の**導入フェーズ**では、「パースペクティブ営業」とそれ以前からある購買/販売モデルとの大きな違いが最も明白に出る。とはいえ、このフェーズの解説が、セールス・イネーブルメントに関する本に含まれているのを見て驚く人もいるかもしれない。

　実際のところ、ソリューションの導入フェーズはサービス部門の責任ではないのだろうか？　このフェーズをフレームワークの中に入れた理由は、次の三つである。

1. セールス・プロフェッショナルは、販売した価値が確実に提供されるよう関与し続けなければならない。また、そうした関与が行われていることは、買い手側のさまざまな関係者に確実にフィードバックされる必要もある。このようなアカウント・ベースのアプローチは、将来にわたるビジネスの基盤となる。

2. セールスは、その顧客との関係性を発展させ、新しい付加価値が提供できる可能性を見出すためにも関わり続ける必要がある。これもまた、将来のビジネスの機会にとって不可欠である。

3. 売上をさらに生み出し、取引の更新を確実にするうえで、導入やサービスの担当者など、営業とは違う立場から顧客に対応する人材が非常に重要となる。彼らは営業の肩書こそ持っていないかもしれないが、しっかりと教育をすれば、最高のセールスになり得る。

カスタマーパスは常に変化している。そしてそれは、購買の意思決定がなされた後も変化し続ける。導入フェーズに関わり続けることで、セールスはそうした変化に気づきやすくなり、新しい機会を活用し、競合他社にアカウントを奪われるのを防ぐ絶好のポジションを取れるようになる。

CSOインサイト成熟度スケール

　カスタマーパスと同様に、ワールドクラスのパフォーマンスへの道も同じ組織は存在しない。しかし、組織がセールス・イネーブルメントの各ファセットを成熟させていく際、通過すべき典型的なパスがあり、それをベンチマークすることはできる。これを使えば、リーダーたちは進むべきルートや、その途中段階にあるマイルストーンを描き出すことができる。

　セールス・イネーブルメントのさまざまなファセットに関してさらに議論を深めていく中で、このベンチマークは何度も取り上げられる。ファセットごとに成熟レベルが異なることによる混乱を避けるため、我々は、ランダム、インフォーマル、フォーマル、ダイナミックの4段階スケールを共通のものとして使用する。第1章でSRPマトリクスとの関連で営業プロセスの成熟度について論じた際、このスケールを導入しておいたが、そのときと同様、このスケールを使用するときは常にその正確な意味を説明するようにする。

■ カスタマーパスはなぜ重要なのか

　カスタマーパスの重要性、特にカスタマーパスの各フェーズに、営業、サービス、マーケティングなどの社内プロセスを連携させることがいかに重要かを分析するため、CSOインサイトの2017年セールス・イネーブルメント最適化調査では、カスタマーパスとの連動を次の四つのレベルに分類した。

1. **ランダム**　営業プロセスはカスタマーパスに合っていない。ファネルの検討がされたとしても、それはほとんど常に売り手側社内で定義された営業プロセスに基づいて論じられる。また、顧客とのミーティング、デモンストレーション、提案など、顧客がパスを進む状況は営業活動の観点から示される。

2. **インフォーマル**　カスタマーパスは認知されているが、それに連動させることに焦点を当てた取り組みはなされていない。セールスは営業プロセスの開始時に、顧客がどのように意思決定を下し、どのようにソリューションを導入するかについて議論し、ときにはその議論を参照することもある。しかし、顧客がパスを進む状況については、カスタマーパスの観点、つまり顧客の意思決定の観点からではなく、依然として売り手側で定義された営業プロセスの観点から見られている。

3. **フォーマル**　営業プロセスがカスタマーパスに即して位置づけられ、そのパスに沿って営業プロセスやシステムが調整される。案件を一つひとつ見直す際には、営業サイクルよりも顧客がそのパスのどの辺りにいるかに焦点を当てて議論される。しかし、そのア

プローチはやや硬直的で、買い手側のチームごとのパスの独自性や変化に対応する柔軟性に乏しい。

4. **ダイナミック**　営業プロセスはカスタマーパスに沿って生成される。カスタマーパスに変化があれば（テクノロジーをますます活用して）早期にそれが検出され、市場や顧客の行動が変化すると同時に営業プロセスも進化する。

　2017年セールスベストプラクティス調査によれば、カスタマーパスに上手く連動させるほど、営業結果はよいものであった。具体的には、営業プロセスをカスタマーパスにダイナミックに連動させている組織では、全体と比べて案件獲得率で10%、売上目標達成率で14%の改善が見られた。

　さらに掘り下げると、2017年セールス・イネーブルメント最適化調査では、回答者のわずか21%しかこのダイナミックなレベルに達していないことが判明した。半数以上（54%）がカスタマーパスに営業プロセスを連動させられていないか、インフォーマルにしか合わせられていない。

　セールス・イネーブルメントのリーダーが競争上の優位性を獲得しようとするなら、営業プロセスをカスタマーパスに連動させるための取り組みは、すぐにやるべき項目に入れておきたい。

■ 営業プロセスをカスタマーパスにつなげる方法論

　カスタマーパスへの連動の仕方をインフォーマルなものからフォーマルなものへと向上させ、さらにダイナミックなものとしていく

か、逆にカスタマーパスの進行を妨げてしまうのかは方法論次第である。この方法論とカスタマーパスの関係をより深く理解するために、その関係性にプロセスや手法、スキルがどう関わるのかを見てみよう。プロセスや手法、スキルといった用語はしばしば同義語として使われたり、少なからず重複しているとみなされたりしがちである。しかし、それぞれに重要な違いが存在する。

● **セールスプロセス**とは、商談が開始されてからまとまるまでの一連の活動をあらかじめ定義したものであり、カスタマーパスに結びつけられていることが理想である。たとえば、質の高いリードとはどのようなもので、どのようなケースで案件は見込み通りだったと言えるのか。そうした疑問に対する回答は往々にしてこのプロセスで明らかになる。一般的には、セールス・オペレーション部門が営業プロセスを定義しており、そこで定義されたプロセスがしっかりと順守されるようサービスを提供することが、セールス・イネーブルメントの主たる役割となる。

● **営業の方法論（メソドロジー）**は、プロセスの各フェーズで何をどのようにすべきかという方法論と、その理由を示す。たとえば営業プロセスにおいて、セールスが顧客を訪問する際の準備についてのいくつかのステップが定義されているとする。営業の方法論はそこに、ある状況下でどのようなステークホルダーやそのネットワークが影響を受けやすいかといった分析や、そうした分析の重要性、さらには分析の結果をいかに状況に活用するかといった詳細を追加する。つまり営業の方法論は、各セールスがカスタマーパスを深く理解し、それによって買い手とより深く関われるようにするためのものである。
　組織が持つ営業の方法論については、営業活動におけるさまざ

な場面に合わせた個々の方法論からその全体が構成されていることもあるかもしれない。あるいは、市場や顧客などのセグメントごとに異なる営業の方法論が用意されているケースもあるだろう。たとえば、コンセプチュアルセリング®（Conceptual Selling®）やストラテジックセリング®（Strategic Selling®）など、我々が提供する営業の方法論の多くは広範囲に適用できるうえ、LAMP^{SM}（Large Account Management Process^{SM}）などは、大口でかつ戦略的な顧客用に特別にデザインされている。

● 最後に、**セールススキル**とは、セールスがプロセスにしたがい、その営業の方法論を正確に首尾よく活用できるよう開発されるべき能力である。たとえば、潜在的なビジネス・ニーズを掘り起こすためにある営業の方法論を活用しようとするなら、いかに適切な質問をして、見込み客からの回答（言われていないことも含めて）をいかに聞き取るか、さらにニーズを明確にするためにはどのような追加の質問をするのかといった、問いかけのスキルをセールスが伸ばしていく必要がある。

　要約しよう。営業プロセスは各ステップを定義するもの。営業の方法論は何を・なぜ・どのように行うのか説明するもの。そして営業スキルは、プロセスの各ステップにおいて、セールスが営業の方法論を効果的に実行できるようにするためのもの。以上の議論の最も重要なポイントは、営業の方法論が営業プロセスをカスタマーパスに結びつけているということである。

「セールス・イネーブルメントはエンド・カスタマーだけに対応するわけではない。セールスディレクター、セールスマネジャー、そしてすべての営業関係者が、セールス・イネーブルメントの顧客になる。しかしながら、商談をまとめ、四半期ごとの数値を報告できるのは最前線のセールスだけなので、彼らはより適切にマネジメントのガバナンスのもとで支援されるべきだろう」

ロバート・ラシーヌ
セールス・イネーブルメント分野のリーダー

■ セールスチームのニーズを探る

　顧客をイネーブルメント・サービスのデザイン・ポイントとしていたとしても、営業組織のニーズは二の次でいいと主張しているわけではない。我々の主張は、営業組織のニーズは、常にそのカスタマーパスという文脈の中で考慮されるべきだということである。セールス・イネーブルメント・クラリティ・モデルのファセットをそれぞれに検討していく中で、引き続き、顧客をデザイン・ポイントとして捉えつつ、営業組織のニーズをどのように評価し、どのように優先順位をつけ、セールス・イネーブルメントを実現していくかについてより深く掘り下げていくことにしよう。

　次の第4章では、セールス・イネーブルメント・クラリティ・モデルの一番下にある、もう一つの非常に重要なファセット、すなわち憲章について検討する。この憲章はビジネス・プランとして役立つだけでなく、組織の経営層からイネーブルメント・サービスへの承認とサポートを得るためのツールでもある。

検討課題

● あなたが提供するセールス・イネーブルメント・サービスは、セールスが見込み客や顧客とやり取りする中で関連する価値を示して差異化できるよう、どの程度のサポートができていますか？

● セールス・イネーブルメント・サービスはカスタマーパスにどの程度連動していますか？

● あるフェーズにサービスが偏って提供されていませんか？　もし偏っているなら、それはなぜでしょうか？（たとえば、部門ごとの縦割りのアプローチが原因なのか、それとも協働が上手くいっていないからなのか）

すぐにやるべきこと

カスタマーパスとセールス・イネーブルメントを連動させるために、すぐにやるべきことを、いくつか書き出してみましょう。

第4章

憲章の設定と共有

The Enablement Charter

キーポイント

- 憲章(及びその生成プロセス)は、セールス・イネーブルメント導入の目標、戦略、サービス、成果の明確化をもたらし、経営幹部からの支援や承認を確実なものとする。

- 憲章を持つことで、セールス・イネーブルメントの導入による効果はより大きなインパクトとして認知される。

- いったん承認された憲章は、ビジョンを達成するうえで何かあれば常に立ち返り確認するためのガイドであり続ける。

■ 憲章は大きな違いを生む!

　憲章はビジネス・プランとして機能し、ランダムな位置にあるセールス・イネーブルメントの取り組みを、フォーマルで拡張性のある戦略的かつ規範に基づく取り組みへと転換するうえでのガイドとなる。そのようなフォーマルなセールス・イネーブルメントの取り組みこそ、ビジネスに明確でポジティブな影響をもたらすのである。

　また憲章は、セールス・イネーブルメント（規範そのもの、あるいは特定の取り組み）を経営層に売り込むツールともなる。憲章の準備は、現場の営業チームが最大の見込み客に対して提案を用意する作業によく似ている。しかし、セールス・イネーブルメント憲章の場合、売り込む相手は自社の経営層である。周知のように、外の顧客に売り込むよりも社内に売り込む方が難しいことはよくある。

　憲章はまた、セールス・イネーブルメントが軌道から外れないようにサポートしてくれる。セールス・イネーブルメントのプロフェッショナルは絶えず変化する環境に対応すべく、プライオリティの変更やTo-doリストに新規プロジェクトを追加するといった要求にさらされている。このような状況で、憲章はどのような行動を優先的に取るのが最善なのかを決めるガイドとなる。

　後の章でも、セールス・イネーブルメントが直面するさまざまな状況について触れることになるが、その

> 憲章はビジネス・プランとして機能し、ランダムな位置にあるセールス・イネーブルメントの取り組みを、フォーマルで拡張性のある戦略的かつ規範に基づく取り組みへと転換するうえでのガイドとなる。そのようなフォーマルなセールス・イネーブルメントの取り組みこそ、ビジネスに明確でポジティブな影響をもたらすのである

中で我々は何度も憲章に言及することになるだろう。特に多くの障害に遭遇するような状況で、困難を克服しなければならないときに憲章が持つ重要性は、どれほど強調しても足りない。

　CSOインサイト2017年セールス・イネーブルメント最適化調査を参照すれば、憲章が重要であるという証拠を示すことができる。ランダムあるいはインフォーマルなセールス・イネーブルメントを実施している組織で、セールス・イネーブルメントの取り組みを、期待通りかそれ以上だとみなしている割合はわずか35％であった。ところが、フォーマルなセールス・イネーブルメントの憲章を備えた組織では、その割合は51％にまで上昇していた（**図4.1**参照）。その要因の一つが、憲章が提供する構造であることは間違いない。さらには、これから論じるように、憲章を作成するプロセスもまた、期待値を適切に設定するための重要なプロセスとなっているのである。

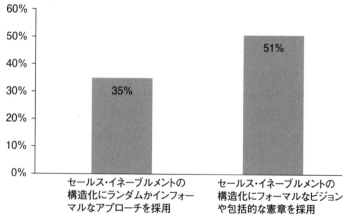

図4.1　セールス・イネーブルメントの機能や構造と
　　　　セールス・イネーブルメントに関連する施策が、
　　　　現場の期待のすべてか大半を満たしている割合との関連

© 2018 MILLER HEIMAN GROUP. ALL RIGHTS RESERVED.

本章では、憲章に含めるべき要素と、どのように憲章を設定するのかに焦点を当てる。そして後の章で、たとえば目標設定について議論する際などに必要となる、より詳細な分析や情報などに言及することにしよう。まずは、憲章の構造を設定し、そのために必要な調査から始めてほしい。そうすることで、いくつかの概念に肉づけした後で、憲章の草案に立ち戻り、細部を詰めていくことができるだろう。

■ 現状把握の実施

効果的な憲章を作成する第一歩は下調べをすることである。それが下調べである以上、第一の目的は、自分の立場の正しさを他者に説明することではなく、他者の目を通してセールス・イネーブルメントを見てみることである。現状を把握することに注力し、発見したいものだけを探すのではなく、探検家のようにこのフェーズに取り組んでいこう。

以下に、セールス・イネーブルメントの取り組みが大きな成果を挙げている組織における、ベストプラクティスの一部を紹介する。

経営層と話す

まずは企業としての目標を理解するよう努めるべきである。それも特定の営業目標だけでなく、市場シェアやその拡大、新市場など、組織のビジョンに関する目標を理解すべきである。憲章が説得すべき相手は経営層であり、彼らに響く言葉で戦略や目的を述べることが、承認と資金を得るのに大いに役立つはずだ。

各部門長と話す：マーケティング部、製品管理部、人事部、
　人材開発部、財務部、IT 部門など

　　ほとんどの組織では、これらの部門が限定的であれ何らかの
セールス・イネーブルメントをすでに行っている。それらの部門
が何をしているのか、適切なプログラムとプロセスを導入する
と何ができると考えているのかを、各部門のリーダーから聞き出
すべきである。多くは、少なくとも部分的にはセールス・イネー
ブルメントを担当していると考えているかもしれないし、セール
ス・イネーブルメントの導入という広範な計画の中で、自分たち
がどう位置づけられるのかを確認したいと思っているかもしれな
い。気をつけるべきことは、この時点での目標は情報を収集する
ことであり、戦略についての言及ではない。この時点で戦略を
云々したところで、後でそれを否定する羽目になるかもしれない。

　　特に重要なのは、プロセスの改善のために他の部門とコラボレー
ションする方法を探し、彼らの意見と経験知に価値を置いている
という姿勢を示すことである。組織横断的なコラボレーションにつ
いては第9章で言及するが、そこで議論するように、セールス・イ
ネーブルメントが営業の支援に関わるすべてのサービスを独自に作
成するわけではないし、そのようなことはできない。この段階で他
の部門のリーダーたちと関わっておくことは、相互に競合するので
はなく、意識的にコラボレーションの精神を生み出すことに役立つ
であろう。

スポンサーを特定する

　　組織の中でセールス・イネーブルメントについての議論を始め
ていくと、援護してくれる人が現れるかもしれない。そうしたスポ
ンサーは、経営層の中に見つけるのが理想である。彼らはセール

ス・イネーブルメントの取り組みに対して信頼を寄せ、障害があれば取り除き、反対派を説得する際に肩を持ってくれる。もしスポンサーがいない、あるいは見つけられない場合は、最も優秀なセールス・プロフェッショナルと話をして、彼らが最も重要な取引先とのやり取りで支援を仰ぐ場合に、誰に協力してもらっているかを教えてもらうとよい。

ランダムなセールス・イネーブルメントの取り組みを
すべて見直す

ランダムなセールス・イネーブルメントのレベルにある組織であっても、何らかのセールス・イネーブルメントはなされている。ある部門で何か意識的に実施されていることはないか、その部門のリーダーに聞いてみたり、単発の取り組みや、行き当たりばったりでなされた取り組みがないかも探してみるべきである。これらの調査には、営業部門が他の部門にランダムに要求するサポートのすべてが含まれる。

たとえば、特定の製品の技術情報やプレゼンテーションの微調整もあれば、顧客とのミーティングに出てくれないかという要求すらあるだろう。通常、これらは電子メールや電話などのインフォーマルなチャネルを経由してなされ、記録が残されることがないので、この手の情報を取得するには直接聞いてみるしかない。

また、ランダムなセールス・イネーブルメントは、セールス・プロフェッショナルが自力で行っている場合を含む。彼らはどのような分野で自ら情報を見つけ、自分自身のスキルを磨いたり、知識を獲得しようとしているのか？　また、どのようなコンテンツを作成するのに時間をかけているのだろうか？

CSOインサイト2017年セールス・イネーブルメント最適化調査によると、セールスが営業活動で使用するコンテンツの18%を自ら作成していた。彼らがなぜすでに用意されているコンテンツを使わず、自らコンテンツを作成しなければならなかったのか。より短時間で多くの成果を上げられるよう、彼ら自身が開発したプロセスや行動は結局どのようなものだったのかを、明らかにすべきである。

■ プライオリティ・マネジメント

複数の施策のプライオリティをマネジメントする能力は、有能なリーダーやチームが持つ特徴である。社内調査を進めれば、セールス・イネーブルメントを導入する目的や目標について、多様な意見に間違いなく出くわすことになる。CSOインサイト2017年セールス・イネーブルメント最適化調査では、営業のパフォーマンスと生産性それぞれにおいて何がセールス・イネーブルメントの優先的目標となるかを調査した（**図4.2**、**図4.3**参照）。

ここでも、多くの目標達成のために、限られた時間とリソースの取り合いになっている。一つにのみ焦点を当てれば、他のターゲットを見失いかねない。たとえば、新規アカウントの獲得は売上を伸ばすうえで最もコストのかかる方法の一つである。セールス・イネーブルメントにおいて「新規アカウント獲得の増加」と「営業コストの削減」を同時に要求されれば、セールス・イネーブルメントを担うチームにとっては目標達成の困難は倍増するだろう。

こうした調査フェーズは特定の目標にコミットする段階ではないが、競合する目標のバランスを取り、優先順位を定め、そして最終的には、定められた優先順位に基づくサービスを実施するための承

第 4 章 憲章の設定と共有

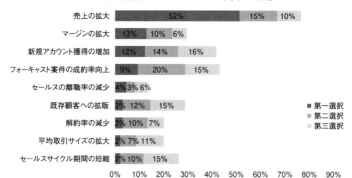

図4.2 上位の営業パフォーマンスに関する目標

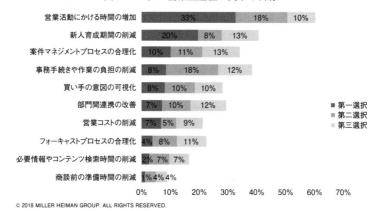

図4.3 上位の営業生産性に関する目標

認へとつなげなければならない。これらの作業は、ビジネス戦略や営業戦略に基づいてセールス・イネーブルメントの目標を決定することから始まる。

事業戦略： ビジネスにおける目標は、企業にとって何が重要かを明らかにする。セールス・イネーブルメントの規範に基づく取り組みに対するサポートと資金を獲得するには、最終目標がビジネスの目標を裏づけるものでなければならない。

営業戦略： 営業戦略は、組織がどのように営業目標を達成しようとしているかを明らかにする。セールス・イネーブルメントの戦略はそれに連動しなければならない。たとえば、会社の目標が間接的なチャネルのみを使って新しい市場に参入することであるなら、セールス・イネーブルメントの取り組みもそれに合わせて調整されるべきだ。こうしたアプローチに賛同するかどうか、その決定がどのようになされるかについては、セールス・イネーブルメントの管轄ではない。あくまでもその役割は、営業戦略の実行に向けて効果的にサポートするために、セールス・イネーブルメントの取り組みがどうあるべきかを決めることである。

■ 現実的なロードマップの作成

　組織の事業戦略や営業戦略を理解することは、セールス・イネーブルメントの規範に基づく取り組みに確たるビジョンを持たせ、優先順位を設定することに役立つ。しかし同時に、セールス・イネーブルメントの担当者はリアリストでなければならない。ここで考慮する必要があるもう一つの要素が、自社のセールス・イネーブルメントの成熟度である。これは、憲章、特にロードマップに大きな影響を与える。

　我々はこの成熟度をランダム、組織化された（インフォーマル）、

図4.4　セールス・イネーブルメントの成熟度モデル

© 2018 MILLER HEIMAN GROUP. ALL RIGHTS RESERVED.

拡張性がある（フォーマル）、適応性がある（ダイナミック）の四つのレベルに分けている（**図4.4**参照）。この四つのレベルは、第1章で紹介したCSO インサイト成熟度スケールに対応している（括弧内は成熟度スケールにおける名称）。ただし、一つのレベルから次のレベルへ移動することの重要性を反映し、この成熟度スケールにおいてランダム以外のそれぞれにもう一つ名称を追加している。

ランダム　このレベルにはセールス・イネーブルメントと呼べる規範に基づく取り組みは存在しない。さまざまな部門が営業のサポートをしていると主張する。しかし、それらのサービスは、それぞれの部門の観点から限定的かつ局所的に生み出されている。また、サービス間に一貫性がないうえ、活用法に関するガイダンスも乏しく、フィードバックを収集するメカニズムも全くないまま、多くのことがセールスに丸投げされている。

組織化された（インフォーマル）　セールスの生産性や組織のパフォーマンス向上に何らかの影響を与えるためには、このレベルには最低限到達しなければならない。もっとも、このレベルではまだセールス・イネーブルメントの取り組みは限定的なものに留まっている

（営業組織全体への統合的な支援にはなっていない）。ほとんどの
セールス・イネーブルメントは現場のセールスに対する個別の支援、
つまりトレーニングやコンテンツといった一つの領域だけに焦点が
向けられがちである。このレベルにおける主な目的は、まず取り掛
かると決めた分野をともかく組織化することである。それこそが出
発点であり、どこから手をつけるべきかに正解はない。取り組みの
内容は組織が置かれた状況や目指す目標によって決めればいい。

拡張性がある（フォーマル）　このレベルにおいてセールス・イネーブ
ルメントは成熟し、営業組織全体を支援できるようになる。つま
り、セールスマネジャーを含むすべての営業組織の関係者が支援
対象となり、また他の部門の顧客と接点を持つ人たちなどにも支援
が提供されるようになる。さらに、セールス・イネーブルメント・
サービスの取り組みの範囲は拡大していき、他の部門とのコラボ
レーションによってより拡張性のある支援エンジンが構築される。
ただし、すべてのイネーブルメント・サービスが顧客を主たる焦点
とする以上、他の部門が提供するコンテンツやトレーニングが、

商品中心のサービスと
なっている場合にはお
そらく修正が必要にな
る。

**適応性がある（ダイナミッ
ク）**　このレベルにおい
て、すべての顧客接点
を持つプロフェッショ
ナルとマネジャーたち

この「拡張性があるレベル」が、我々の
セールス・イネーブルメントの定義に
対応している。パフォーマンスにリア
ルな成果が出始めてくるのは、セール
ス・イネーブルメントの取り組みがこ
のレベルに到達してからであるため、
本書での議論の大部分は、このレベル
にフォーカスを当てることになる

にサービスが提供される、適応力の高いセールス・イネーブルメントの規範に基づく取り組みへと成熟する。ときにはカスタマー・サービス担当者にも支援サービスが提供され、セールス・イネーブルメントは組織の戦略的目標と緊密に結びつき、内部プロセスにしっかりと位置づけられる。こうした状況は、当初から顧客を起点としつつ、多様な部門の取り組みをオーケストレートすることによって生み出されてくる。ここまでのレベルに到達すれば、完璧とは言えないまでも、ワールドクラスとは言えるであろう。

　たとえセールス・イネーブルメントの取り組みに対する自由裁量を与えられたとしても（そんなことは滅多にないが）、その取り組みを拡張性があるレベルへ、そして最終的には適応性があるレベルにまで到達させるには、多くの時間が必要だ。セールス・イネーブルメントの取り組みを最初に開始しようとするときの目標はマイルストーンの設定であったが、状況が進むにつれて生産性の向上が目標となり、さらに成熟した段階に達するにつれて、パフォーマンスの向上が目標になる。

　そうした具合に、設定されるべき目標は段階ごとに異なっていく。このそれぞれの目標については、特定の指標に焦点を当てる第12章で、より詳しく論じたい。憲章を設定する現時点では、事業戦略や営業戦略、そして営業実務の現状という三つの要因を軸に精査を始めるのがよいだろう。

大規模買収後、統合された会社が
成長目標へ到達するための
セールス・イネーブルメント

　2015年5月、Cable & Wireless 社は主要競合企業の1社を買収した。この買収は、組織構造と運営モデルの大幅な見直しをもたらした。かつての諸資産は業績を引っ張り、大きな足かせとなっていたが、買収した企業とのスムーズな統合を図りより成長志向の企業へと転換することが目指された。主な変革の一つは、各国での事業別モデルから住宅用、B2B、卸売という主要顧客セグメント志向モデルへの移行である（統合によって、同社は世界の24か国で操業することになった）。

　こうした背景において、新たに任命されたB2B組織のトップは、六つの戦略課題を設定した。そのうちの一つは、優れた営業組織を構築・開発することであった。端的に言えば、投資家の成長への期待を満たす唯一の方法は、この新会社がその業界で最も高い能力とスキルを持つ営業組織を確実につくり上げることであった。

　その統合された組織でセールス・オペレーションを担当する副社長のボリス・クルック氏は、次のように述べている。
「非常に異なる組織モデルや構造を持つ二つの会社を統合したので、ご想像通り、営業戦略や営業の方法論、営業プロセスなどは完全にバラバラでした。そこで重要になったのは、成長への野心的な目標を達成するために、セールス・イネーブルメントを組織の基本的な構成要素とみなし、その取り組みに大きな投資をすることでした」

　そしてこの営業組織は、多くの野心的な目標を達成する作業に取り掛かった。

● 全社の業績と生産性を向上させる

● 個々のセールスの売上目標に対するパフォーマンスを大幅に改善する

● セールスが顧客に対して営業活動を行う時間を最大限に確保する

● 成約率と転換率を改善して効率性を高める

● 営業プロセス全体を通じて顧客に卓越した体験を提供することに徹底的に注力する

「最初の段階では、上記の項目のうち、何らかの方法論に基づいていたり、まとまりを持って取り組んだりしたものは一つもありませんでした。それだけでなく、測定システムすら持っていなかったので、これらの目標が達成されているか以前に、上手くいっているのかどうかすら知りようがなかったのです」とクルック氏は述べている。

いくつもの課題に対処するために、Cable & Wireless社のセールス・イネーブルメントでは次の3ステップ・アプローチが採用された。

ステップ1：セールス・イネーブルメントを定義する

異なる部門の間で効果的にコラボレーションするために、同社の新たに統合された営業組織は、その組織におけるセールス・イネーブルメントが何を意味するのかまず定義しなければならなかった。最終的に、その部門には以下のような要素が含まれた。

● 営業組織が他部門と関わったり、コラボレーションしたりする方法

● 効果性と効率性を改善するためのテクノロジーとシステムの活用（及びその検討）

● 一貫性があり予測可能な営業サイクルを始めから終わりまで下支えするプロセス

● タレントマネジメント、報酬と評価、成果指標と報告、パフォーマンスマネ
　ジメントといった一連のセールス・イネーブルメント・サービス

ステップ2：ステークホルダーからの賛同を得る

　幸いなことに、このビジネス・ユニットのトップは、セールス・イネー
ブルメントのアジェンダにとても理解があり、「最高の営業組織を構築・
開発する」という任務を彼の六つの戦略課題のうちの一つであると公式
に位置づけることさえした。このようなトップダウンのサポートがあるこ
とは、セールス・イネーブルメントのさまざまな取り組みに対する障壁や
反対を取り除くのに有益であった。

ステップ3：ステークホルダーの関与を確保する

　ステークホルダーの賛同は重要であると同時に、彼らからの貢献もチー
ムには必要であった。何を達成しようとしているかについては明確な考
えがあり、それに加えて、組織内のさまざまな部門やレベルから組織横
断的に広くキーパーソンを集め、彼らにセールス・イネーブルメント・サー
ビスの設計と実施に確実に関与してもらう必要があった。

　クルック氏は次のように述べる。「最初からプロセスに加わってもらう
ことで、関係者から抵抗されるという状況は比較的容易に克服できると
いうことがわかりました」

■ まとめ上げる

さて、そろそろすべてを憲章としてまとめ上げ、経営層に提示する頃合いである。

とはいえ、本章はまだ始まりにすぎない。ここでは憲章に含むべき四つの主要セクションを定義することから始めよう。そのうえで、以降の章では、ダイヤモンドの中間に位置するそれぞれのファセットについてより詳しく論じる中で、重要な細部に関して憲章をどのように見直し、更新していくかについてのガイダンスを提供する。

付録には、ガイドとして使用できる憲章のサンプルも掲載している。しかし、それは単なるガイドにすぎない。あなたのビジネスにはそれぞれの文脈があるように、憲章もまたユニークなものであるはずだ。スタイルやレベルについてはあなたの組織のニーズに合わせて、我々が提供するサンプルを自由に活用してほしい。

セクション1：現状の記述　このセクションでは、最初の調査に基づいてあなたの組織が置かれた状況を記述することによって、これからやるべきことをすべて書き出す。先にも触れたように、セールス・イネーブルメントの目標は自社の目標に合わせて設定される。したがって、まずは事業戦略が第一にくる。そして次が営業戦略だ。この戦略は、企業の目標を営業組織がどう達成するかに関わる。最後に、セールス・イネーブルメントの取り組みとしてどこから出発するのか、憲章の読者がイメージできるように、現行の営業プラクティスを描いた短いセクションが必要になるだろう。サンプルではこのセクションに、憲章でなされる主張の根拠が読み手に伝わりやすくなるよう参考資料も含めている。

セクション2：成功イメージ　このセクションでは、実際に実施される
セールス・イネーブルメントのプランの詳細を掘り下げ、それが成
功するとどうなるかを定義する。

- **ビジョン**は、セールス・イネーブルメントのサービスを受けた
  セールスチームの将来像を描写する。一般的に、このセクショ
  ンでは読み手に対し大きな絵を描いて見せるため、その将来像
  も野心的な性格を帯びるのが普通である。
- **ミッション**は、その野心的な目標にどのようにして到達するの
  かを記述する。それは野心的なビジョンの描写よりも具体的だ
  が、細部については後回しにする。この時点では、ただアプロー
  チを記述すればよい。
- **目標**は、達成しようとする事柄を記述する。このセクションで
  は、セールス・イネーブルメントの取り組みにおいて、どこに重
  点が置かれようとしているのかを読み手に伝える。たとえば、離
  職率が高い組織では、新規採用者の育成期間の削減を強調し、
  営業サイクルが通常より長い組織であれば、特定の段階の時間
  短縮を強調する。この時点では、これらの目標に対して時間軸
  を設定しなくてもよいだろう。それについてはロードマップのセク
  ションで扱えばよい。
- **指標**は、成功がどのようなものか描き出す。進捗状況をどう測定
  するかは、セールス・イネーブルメントの成熟度によって異なる
  が、憲章に含めるのは、直接的に影響を与える指標である。サ
  ンプルにある指標の例のほとんどは、営業部門が成功を測定す
  るための指標とは異なる（付録参照）。また、セールス・イネー
  ブルメントの取り組みが直接影響する指標の中でも、パフォー
  マンス改善につながる指標を選択する必要がある。

セクション3：スコープ　このセクションでは、セールス・イネーブルメントのターゲットとなる対象を定義する。目標と同様に、時間軸を設定する必要はない。ある地域で現場のセールスの支援に取り掛かると決めたとしても、セールス・イネーブルメントの取り組みが成熟するにつれ、それ以外の担当者や地域も支援の範囲として強調したくなるだろう。

　代理店などインダイレクト・チャネルを通じて商品などを販売する場合は、社内のチャネル担当者への支援も必要であろう。また、インダイレクト・チャネルのパートナーのためのセールス・イネーブルメント・サービスを優先すべきケースもある。これは入念な下調べが実を結ぶ領域の一つである。組織や個々のリーダーによって、どの程度そのようなインダイレクト・チャネルの支援に関わるべきかについてはさまざまな意見がある。チャネルの優先づけを行う前に、組織でどのような見解があるかを理解しておくことも重要だ。組織内でコンセンサスがなかったために、激しい議論になることも珍しいことではないだろう。

　結局のところ、セールス・イネーブルメント・サービスの導入と強化において、最終的に重要な役割を果たすのはセールスマネジャーである。彼らには、セールスの日々の活動を指導しやすくなるよう、イネーブルメント・サービスの提供が追加で必要になる。

　セールスマネジャーは最初にターゲットになる対象ではないかもしれないが、全体的なプランの中に当初から彼らを忘れずに含めておくことが大事になる。CSOインサイト2017年調査において、セールスマネジャーがセールス・イネーブルメントの2番目のターゲットであったことはよい傾向だが、とはいえまだ68%に過ぎない。多くの組織にまだやるべきことがあるのは明らかである。

セクション4：ロードマップ　このセクションは、あなたが何をいつまでに達成し得るかといった期待値の設定に関わる点で重要なうえ、自社の組織がどのセールス・イネーブルメントの成熟度レベルにあるかという点にも密接に関連している。成熟度レベルに基づいてロードマップを定義する方法については、後の章で詳しく触れる。

「誰もが同じ考えを共有するためには憲章が必要です。経営層の承認を得る必要もあります。我々が行ったインタビューや監査に基づき、投資と目指す成果の関連を示すためにROIベースのビジネスケース（投資対効果検討書）をまとめました。このビジネスケースが我々のセールス・イネーブルメント導入に向けた憲章をつくるエビデンスとなりました。それを経営幹部にとって実用的で具体的なものにし、たとえば、コンテンツ一つを設計・作成・ローカライズ・提供・維持するのにどれほどのコストがかかり、それに対して今までなかったセールス・イネーブルメント・サービスを導入するとどのようなインパクトがあるかを彼らに示すべきです。それは、本当に必要なことだけに集中すれば、費用がどのくらいかかり、同時にどれほど節約できるかを示すことになるでしょう。このようにすれば、目標達成のためにイネーブルメント・サービスがどれほど彼らのビジネス戦略をサポートできるかを示すことができます。実際、当社では経営層が、『我々が実行しようとしているのはこうしたことであり、このような方法を取る理由はこうで、次に起こるのはこういったことである』と公式に明快なアナウンスを行いました。つまり、そのようにして憲章は採用されたのです」

クリスティーヌ・ドリアン
Callidus Cloud社　グローバルセールス＆
チャネルオペレーション・セールス・イネーブルメント担当副社長

■ 取り組みに優先順位をつける

　多くの組織で、セールス・イネーブルメントのプロフェッショナルはさまざまなサービスの要求にさらされている。特定の市場セグメントへの営業活動に使えるコンテンツを求められるかと思えば、営業部門以外の、たとえばプロダクト・マネジメントからは新商品発売に向けたトレーニング資料を要求されたりもする。これはほんの二つの例にすぎない。まさに今、あなたの受信箱は似たような要求でいっぱいになっているはずだ。

　これらの要求と自分自身の考えを分類し、重要なものを優先させ、そうでないものを排除する唯一の方法は、カスタマーパスと、設定した憲章の観点から評価することである。顧客が製品やサービスの購入プロセスを進め、あなたの会社とのビジネスを心地よく感じ、そして顧客が定めた目標に対してセールスがより有効なソリューションを提供するために、セールス・イネーブルメントがすべきことは何であろうか？　より俯瞰的に見て、憲章で設定した目標にあなたが到達するために役立つのはどの要求なのだろうか？　それは新商品についてのトレーニングかもしれないし、特定のコンテンツかもしれない。あるいは、新商品の発売をサポートするために設計されたサービス・パッケージの可能性もある。

　答えが何であっても、フォーマルなセールス・イネーブルメント憲章は正しい意思決定をする手掛かりになるだろう。個々のセールス（およびその他のステークホルダー）は、あなたの決定に必ずしも同意するとは限らないが、常にカスタマーパスと憲章に照らし合わせ、セールス・イネーブルメントの取り組みの優先順位を正当化できれば、誰もがその選択に対してとやかく言うことは難しくなるはずだ。

検討課題

● セールス・イネーブルメントの導入に向けたビジネスケースをどれくらい上手くつくれましたか？

● 現行のセールス・イネーブルメント憲章では、どのようなギャップと向き合う必要がありますか？

● 承認を得るべき、カギとなる経営幹部は誰ですか？ あなたの「営業活動」において重要なインフルエンサーは誰ですか？ 過去に見落としていた人はいませんか？

● 効果的な憲章を作成する前に、どのような事前の調査が追加で必要ですか？

すぐにやるべきこと

セールス・イネーブルメント憲章を設定するための準備を始めたり、既存の憲章を改善したりするうえでやるべきことを、いくつか書き出してみましょう。

第**3**部

セールス・イネーブルメントが提供する "サービス"

Enablement Services

第2部では、包括的で効果的なセールス・イネーブルメントを構築するガイドとして、フレームワークを使用することの重要性を明らかにした。またセールス・イネーブルメント・クラリティ・モデルについても簡単に紹介したうえで、モデルの三つの基本的なファセットを掘り下げた。

すなわち、常に顧客を念頭に置くことの重要性、顧客接点のプロフェッショナルとそのマネジャーに取り組みの焦点を当てるという考え、セールス・イネーブルメントの戦略に対して経営幹部の承認を得るために包括的な憲章を作成する必要性である。

第3部では、セールス・イネーブルメント・サービスに完全に焦点を当てることにする。当然ながらこれは、セールス・イネーブルメントが"何をするか"ということに直接的に関わる（**図Ⅲ.1**参照）。もちろんこれまで議論してきたすべてのことは、セールス・イネーブルメント・サービスにつながり、後の章で論じることのほとんどは、そうしたサービスを裏づけるものである。

セールス・イネーブルメント・サービスそれ自体は、規範に基づく取り組みが組織におけるあらゆる営業活動をどのように支援するか、その方法と密接に関わっている。さらに、セールス・イネーブルメントで実施される事柄のほとんどは舞台裏で行われるため、サービスはターゲットとなる対象者が目にする唯一のものとも言えるだろう。

■ なぜサービスと呼ぶのか？

我々が、「成果物」や「アウトプット」のような別の用語ではなく、この用語を選択したのは、セールス・イネーブルメントが

図Ⅲ.1　セールス・イネーブルメント・クラリティ・モデル

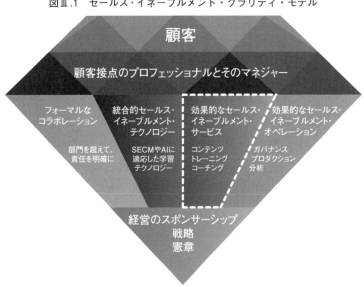

© 2018 MILLER HEIMAN GROUP. ALL RIGHTS RESERVED.

"まさに今実施される"ものであり、かつ"他者に提供される"ものだということを強調するためである。成果物やアウトプットという用語を使って語れば最終的な成果に焦点を当てることになる。それに対し、セールス・イネーブルメントは、戦略、定義、創造、ローカライゼーション、提供、サービスの導入といったプロセス全体に関わり責任を負う。

また、別の一般的な用語である「プログラム」も、セールスやセールス・イネーブルメントのプロフェッショナルにさまざまな含意で受け止められがちなので、選択しなかった。たとえば、プログラムをトレーニングの別名と見る人もいれば、プロジェクト由来の言葉と捉える人もいる。しかしセールス・イネーブルメントは明らかに、トレーニングやランダムな単発プロジェクト以上のものである。そ

れを統括するチームは、
憲章で定義された目標を
達成するためのサービス
を備えたいわば一つの規
範に基づく活動の集合体
である。

> セールス・イネーブルメントの取り組み
> は自らのために存在しているのではな
> い。それは、憲章で定義されたすべての
> 社内顧客に焦点を当てた、サービス志向
> の規範に基づく取り組みなのである

　つまり、セールス・イ
ネーブルメントの存在理由は、そのサービス提供のターゲットとな
る対象者たちに価値を提供することで、彼らが顧客に価値を提供で
きるようにすることであり、そのことを強調するためにサービスと
いう用語を選択したのである。セールス・イネーブルメントの取り
組みは自らのために存在しているのではない。それは、憲章で定義
されたすべての社内顧客に焦点を当てた、サービス志向の規範に基
づく取り組みなのである。

■ サービスの三つのカテゴリー

　我々は、サービスをコンテンツ、トレーニング、コーチングの三つ
の主要なカテゴリーに分類する。次からの章では、サービスのタイ
プごとの領域について論じ、それらがセールスの生産性とパフォー
マンスにどう影響するかを見ていく。

　それぞれのサービスに対してそれぞれ章を設けるが、成熟したセー
ルス・イネーブルメントの取り組みにおいては、どのサービスも単
独のものではない。我々はよくクライアントに次のように言う。
「トレーニングなしのコンテンツはなく、コンテンツなしのトレーニ
ングもない」。つまり、コンテンツ・サービスはどのようなもので

も、営業組織が効果的にそれを利用するための何らかのトレーニングを要する。

たとえば、セールス・イネーブルメントがプレイブック（営業活動を支援するための戦略や作戦が書かれたもの）を作成したとすると、同時にセールスがその効果的な活用法を学習するためのトレーニングが必要になる。それはセールスが資料に慣れ親しむための短いビデオトレーニングかもしれないし、あるいは新しいマーケットや新しい製品ラインのためにデザインされたプレイブックのために、ロールプレイを含むワークショップを数日かけて行うといったものかもしれない。このように、どのようなトレーニング・サービスであろうとも、プレゼンテーション、ワークシート、クイズなどの基礎的なトレーニング・コンテンツが必要となるだろう。

また、サービスが適切に実施されるためには、コンテンツ・サービスとトレーニング・サービスの双方でコーチングが必要となる。コーチング・サービスはセールスマネジャーに、彼らが日々の活動の中でセールスを上手く指導するために必要なコンテンツ、ツール、トレーニングを提供する。コーチング・サービスの場合には、「トレーニングがないコンテンツはなく、コンテンツがないトレーニングもない」という原則が、個々のサービスすべてに組み込まれることになる。

セールス・イネーブルメントの構築に取り掛かるにつれて、特定のサービスのみに焦点が向けられるかもしれない。ほとんどの組織にとって、初期の焦点はコンテンツかトレーニングのいずれかに向けられる。しかし、セールス・イネーブルメントの取り組みが成熟するにつれ、より視野を広げ、サービス間の連携を強化する必要に迫られる。だからこそ、たとえもしまだそのレベルに至っていないとしても、そうした連携を将来的なビジョンに入れて取り掛かるこ

とが重要だ。そして同時に、セールス・イネーブルメント・サービスに関する議論の最後には、それぞれのサービスの間に一貫性をもたらす価値メッセージの役割についても触れる必要があるだろう。

第5章

コンテンツ・サービス

Content Services

キーポイント

- コンテンツには、顧客接点（外部向け）とセールス・イネーブルメント（社内用）の両方の資産が含まれる。

- すべてのコンテンツが「マーケティング・コンテンツ」であるとは限らず、実際にはセールスが自力であまりにも多くのコンテンツを生み出している。

- コンテンツが果たす目的は、カスタマーパスの各フェーズで異なる。

- セールス・イネーブルメントは、カスタマーパスのあらゆるフェーズで妥当なコンテンツが作成されるようオーケストレーターの役割を果たす必要がある。

セールス・イネーブルメントにおける
コンテンツの役割と範囲

　セールスは、見込み客や顧客と一つひとつやり取りする中でパースペクティブ（価値ある視点）を付加していくことによって、関係性の段階を上昇させていく。しかし、すべてのやり取りが口頭ではないし、面と向かったものですらないこともある。ケース・スタディやホワイト・ペーパーなど、適切な顧客向けのコンテンツを適切なタイミングで提供することで、セールスが見込み客と直接向き合って座っていなくても、セールスから顧客へという価値の流れを維持することはできる。

　また、コンテンツは個々のセールスのスキルや知識を育成するために使うこともできる。セールス・イネーブルメントで使われるコンテンツは、すべての顧客接点のプロフェッショナルを支援するためにデザインされたコンテンツであり、彼らはたとえば、プレイブック、バトルカード（製品、市場、顧客、競合他社に関する情報を簡潔にまとめたもの）、コストの正当性を示すツールなどを使って見込み客や顧客とのやり取りに備える。こうしたコンテンツは、石油・ガス市場に機器を営業するためのディスカッション・ガイドといった具合に、具体的背景と結びついているかもしれないし、セールスが知っておくべきことの概要、関連コンテンツへのリンク、顧客の視点から見て妥当な価値メッセージをセールスに提供するプレイブックかもしれない。あるいは、新商品ローンチのプレゼンテーションのように、より広範なセールス・イネーブルメントの取り組みをサポートするコンテンツもあり得るだろう。

> 「コンテンツはコンセプトです。むしろ『状況に即したコンテンツ』と言った方が誰にとっても明快なのだと気づきました。そう言えば誰もが、『そのコンテンツは何の目的のために存在し、どのような状況で使うためにあるのか』という適切な問いに焦点を当てるようになるのです」
>
> ジム・バーンズ
> Avitage社 社長

　セールスが顧客の前進を上手く促すには、カスタマーパスの各フェーズにおいてそれぞれ、顧客向けコンテンツ、セールス・イネーブルメント・コンテンツが必要となる（**図5.1**参照）。必要なコンテンツの領域を描き出せるよう、本章ではセールス・イネーブルメント・サービスのフレームワークを示す。続く二つの章で、トレーニング・サービス、コーチング・サービスについて論じる中で、このフレームワークはさらに補強されていくことになる。

　セールス・イネーブルメント・サービスのフレームワークの最上位には、カスタマーパスがある。ここでも、カスタマーパスに唯一

図5.1 セールス・イネーブルメント・サービスのフレームワーク
　　　 パート1

© 2018 MILLER HEIMAN GROUP. ALL RIGHTS RESERVED.

の正しい道などないことが前提と
なる。買い手側の組織やシナリオ
が違えば、細部はそれぞれ異なっ
てくる。カスタマーパスの三つの
フェーズの下には、顧客を前進さ
せるためにセールスが達成すべき
目標が示されている。これについ
ては第4章で詳しく扱ったが、各

> セールスが顧客の前進を上手く促すには、カスタマーパスの各フェーズにおいてそれぞれ、セールス・イネーブルメント・コンテンツ、顧客向けコンテンツが必要となる

フェーズで必要とされるコンテンツの種類の詳細についてさらに掘
り下げながら、もう一度見ていくことにしよう。

　認識フェーズにおいてセールスは、買い手が未来の成功ビジョン
を持てるようにサポートすることが必要である。この未来の成功ビ
ジョンがなければ、顧客は購買フェーズに進むことができず、商談
は行き詰まるだろう。買い手が自らの課題とその解決方法について
理解を深められるよう、大掴みなコンテンツが必要となる。ホワイ
トペーパー（技術的なものではなくビジネスの観点から書かれたも
の）とケース・スタディは、認識フェーズの顧客接点コンテンツの
基本的な例である。ブログへの投稿や記事といった短い形式のコン
テンツも価値がある。第4章の議論を思い出してほしい。セールスは
ソーシャルメディアを通じて見込み客や顧客と関わるのだから、こ
の種のコンテンツもたくさん必要となるはずだ。

　このフェーズにおけるセールス・イネーブルメント・コンテンツ
は、セールスがよりよい未来像を共有し、顧客が購買フェーズへと
進むのを後押しできるようデザインされなければならない。また、
認識フェーズのなるべく早い時期に、セールスが顧客と関われるよ
う支援する必要がある。というのも、買い手側が業界のインフルエ
ンサーや競合相手、同業者などによって過度に影響を受ける前の方

が、よりよい未来像を示しやすいことが常だからである。このフェーズのセールス・イネーブルメント・コンテンツには、セールスが市場の状況、業界の課題、買い手側のさまざまな関係者の思惑、彼らが苦労している点などを理解するための業界のプレイブックが含まれるだろう。

ソーシャルメディア・ガイドラインは、どの対象にどの素材をいつ共有するかを示すことで、準備がまだ整っていない買い手といち早く関われるようにセールスを助けるものだ。セールス・イネーブルメント・コンテンツには、Linkedlnの効果的利用ガイドのような、セールスのスキル育成のためにデザインされたガイドラインなども含まれる。

そして**購買フェーズ**に進むと、多様なオプションの中から買い手が最良の決定を下せるよう手助けすることがセールスの目標となる。このフェーズでは、顧客はもはやそのソリューションが自分にとって何を意味するのかといった抽象的なことには興味を持たなくなっている。彼らはすでにビジョンを持っているので、今知りたいのはそのビジョンをどう自社で達成するかである。これに対してセールスは、顧客の置かれた状況を踏まえ、彼らが望む結果に対応できるよう、より深いレベルの視点を付加する必要がある。

顧客対応のケーススタディやホワイトペーパー、記事や投稿はまだ意味を持つものの、セールスはそれらのうち、その特定の買い手のビジョンに即した価値を提供する必要がある。買い手側の財務担当者は、ソリューションの財務面をより詳細に検討するため、財務上のベネフィットを示したコンテンツを提供する必要もあるだろう。また、買い手側のテクニカル担当者はさらに熱心に、彼らの情報ニーズを満たしてくれるようなテクニカル・コンテンツを求めてくるかもしれない。

我々が2016年に実施した調査では、買い手の61%が、購買の決定を下す前にROI分析を要求している。この結果を見てもわかる通り、コストの正当性を示すツールは購買フェーズで必要とされるセールス・イネーブルメント・コンテンツの必須アイテムだ。他にも、セールスがさまざまな顧客からの反論に対応し、かつ競合他社の提供する価値を上回れるような、想定される顧客の質問に対するよりよい回答を導いてくれるコンテンツなどを必要とすることもあるだろう。また、提案テンプレート、サービスレベル契約（SLA）添付書類、さらにはその他の商談をまとめるためのコンテンツが必要となることもある。

　「適切なタイミングで買い手と適切な会話ができるようにするために、営業組織を支援するものはすべてコンテンツだと思います。たとえば、ホワイトペーパー、ソリューション・ガイド、導入ガイド、サクセスストーリー、サードパーティーのリサーチなどです。社内用のコンテンツには、セールス用のプレイブック、競合情報、ポジショニング・ガイド、営業プロセスのようなコンテンツや、ROI分析、成約率分析などのツールも含まれます。

　顧客接点用のコンテンツは顧客の言語、業界、環境に合わせる必要があります。カギを握る関係者を見つけ出し、彼らの組織における役割や彼らが解決しようとするビジネス上の問題を見出すことが重要です。一つのやり方がどの顧客にもフィットするようなことはあり得ません。これは肝に銘じておくべきでしょう。それぞれの顧客に合わせる必要がありますし、場合によっては同じ顧客でも個別の場面に合わせることさえ必要です。

ティエリー・ファン・ヘルウィネン
セールス・イネーブルメント分野のリーダー
Sales Enablement Lab 主宰者

導入フェーズでは、セールスは販売された製品やサービスの価値が関係者に届き、そのことを顧客により明確に理解させるようコミュニケーションすることを確実に実行する。このフェーズでの目標は、顧客の満足を確保するだけでなく、さらなる付加価値を与えるチャンスを見つけることである。多くの点で、このフェーズのセールス・イネーブルメント・コンテンツは、認識フェーズで必要とされた顧客向けのコンテンツと似ている。というのも、新しいチャンスが明らかになれば、顧客は新たなカスタマーパスを歩み始めているからである。たとえば、導入の進め方に関する記事やヒント、コツ、その他のサポート資料といったコンテンツは導入フェーズにおいて付加価値をもたらすことができる。また、多くの業界では、製品やサービスの更新の利点を強調するコンテンツも重要である。

多くのセールスは、導入フェーズの中で案件やアカウント全体をどう管理すればよいか教えられていないため、社内用のセールス・イネーブルメント・コンテンツはさらに重要な役割を果たす。たとえば、よくあるトラブルを克服するためのガイドライン、ときに長期にわたるソリューションの導入プロセス期間に顧客を導く方法などが、大きな助けになり得る。セールスの多くはさらに、提供した価値を顧客により明確に理解させるために役立つような質問のガイドライン、実際のビジネス上の価値の計算に役立つツール、特定のビジネスに与えた価値を顧客にフィードバックするためのプレゼンテーションや、レポートのテンプレートなども必要とするだろう。

ここで我々が示した例は、各フェーズで必要とされる事柄に関する手掛かりに過ぎない（**表5.1**参照）。必要とされる顧客向けコンテンツ（顧客接点コンテンツ）やセールス・イネーブルメント・コンテンツ（社内用の支援コンテンツ）の種類は、市場と組織の動向によっても異なる。もちろん、セールスが顧客と共有したり、あるい

は顧客とコミュニケーションを図るための準備として社内で使用する具体的なコンテンツは、各購買チームがたどる独自のカスタマーパスに合わせる必要がある。

表5.1　コンテンツ・サービスの例

	顧客接点コンテンツ	社内用の支援コンテンツ
認識フェーズ	■ ケーススタディ　■ 成功事例 ■ ホワイトペーパーとソート・リーダーシップの資産 ■ サードパーティーの調査資産 ■ 診断ツール ■ ビジネス課題志向で買い手側担当者に即したプレゼンテーション	■ プレイブック（三つのフェーズすべてをカバーするように作成してもよい） ■ ガイドつき営業スクリプト ■ 理想的な顧客プロファイル ■ ファネル管理ツール ■ トレーニング資産
購買フェーズ	■ 提案テンプレート ■ ビジネス価値/ROIテンプレート ■ 契約テンプレート ■ 録音・録画あるいはスクリプト化された製品デモンストレーション ■ ケーススタディ、参考資料、お客様の声 ■ 製品プレゼンテーションとドキュメンテーション ■ 販促用品	■ プレイブック（三つのフェーズすべてをカバーするように作成してもよい） ■ ガイドつき営業スクリプト ■ バトルカード ■ 案件プランニング・ツール ■ トレーニング資産（第6章参照）
導入フェーズ	■ ケーススタディ ■ 導入ガイドライン（業界および課題に合わせて） ■ ベストプラクティスの導入ガイドライン ■ 管理者への報告のテンプレートへ（進捗状況の記録）	■ プレイブック（三つのフェーズすべてをカバーするように作成してもよい） ■ ガイドつき営業スクリプト ■ 導入チェックリスト ■ アカウント管理ツール ■ トレーニング資産 ■ 関係性をマッピングするテンプレート

注目のコンテンツ：ソーシャル・セリング

　かつては、セールスとして成功したければ、売り込み電話（コールド・コール）のテクニックやスキルを磨かなければならない、それが上手くできないなら電話をかける機会をより増やすだけだ、などと言われた。より多くの電話をかけることで、スキルの不足を補えるというわけだ。そんなテクニックは皮肉を込めて、「稼ぐには電話をしよう」とも揶揄されていたが、そのようなことを喜んでやっていたセールスはほとんどいなかった。

　ありがたいことに、ソーシャルセリングが売り込み電話に取って代わり、営業が成功するための基本ツールとなった。我々の2017年の調査によれば、ソーシャル戦略がマーケティングと営業の垣根を越えて調整されれば、フォーキャスト案件の成約率は15%も改善され、ソーシャル戦略の採用率が90%を超える組織では、採用率25%以下の組織に比べ売上目標達成率が約20%の改善を示している。

　セールスに聞くと、すべてのツールの中でLinkedInが一人勝ちしている状況だ。LinkedInはユーザーがソーシャルセリングを上手く行えるよう、ソーシャルセリング指数（SSI）を作成している。SSIは、セールスのLinkedInアクティビティを、パフォーマンス改善に関わる四つの柱に沿ってスコア化する。LinkedInの分析によると、SSIで高い得点を得た人は、ファネル内の案件を45%増やし、売上目標達成率が51%高くなるという。

　セールス・イネーブルメントがそうしたソーシャルメディアの活用を促す方法はいくつかある。

ツール：　多くのセールスは、LinkedInやTwitterなどのソーシャル・メディアを長年にわたって活用してきた。セールス・イネーブルメ

ントは、彼らのオンライン上の関わりを分析・管理するのに役立つ補完的なツール（Hootsuite、TweetDeck、Everyone Social、Buffer、Crowdfire など）を探すことにより、彼らの活動がより効果的になるよう後押しすることができる。

トレーニング： ソーシャルセリングのトレーニングはツールのトレーニングに留まってはならない。セールスは単にLinkedInのようなツールを使えるようになるだけでなく、それをどう効果的に使うかを理解する必要がある。我々の2016年の調査では、効果的なソーシャルセリングのトレーニング・サービスと業績の間に相関が見出されている。そうした取り組みに成功する営業組織の成約率は7ポイント上昇し、売上目標達成率は6ポイント向上していた。

コンテンツ： ソーシャルメディアの活用を成功させるポイントは、カスタマーパスの各フェーズ、特に顧客がまだ情報を収集している認識フェーズで、顧客に付加価値を与えることである。セールスがより多くの価値をより早い段階で付加できれば、ひしめき合う市場の中で一歩先を行くことができ、営業サイクルのより早期に見込み客と関わることができる。これを行うために、セールスは効果的なコンテンツを必要とする。セールス・イネーブルメントは、セールスが確実に必要なものを手にできるようにコンテンツをオーケストレートすることもできる。

「課題は、セールスに適切なコンテンツを提供することです。そのためには情報収集をしましょう。セールスはコンテンツの作成者にはなれません。そのようなことができるセールスはほとんどいないのです。なぜなら、それは彼らのコアスキルに含まれていないからです。それはOPC、つまり他人のコンテンツ（Other People's Content）なのです。もし彼らにコンテンツの作成を任せたら、誰からコンテンツを収集してくるでしょうか？　買い手の世界にいる知ったかぶりをする輩からでしょう。そんなものより、サードパーティーのソート・リーダーシップ（特定の分野において将来を先取りしたテーマやその解決策を提示している情報源）のコンテンツを収集し、それを共有し、そのコンテンツを対象としたトレーニングに取り組むべきです。これこそ、関心のあるトピックについてセールスの見晴らしをよくする優れた方法でしょう」

ジル・ロゥリィ
Marketo社
ソーシャル・セリングのエバンジェリスト兼アドバイザー、成長部門主任

■ 誰がコンテンツを作成するか？

　多くのセールス・イネーブルメントを担うリーダーは、コンテンツ・サービスに十分な注意を払っていない。なぜなら、彼らの中で「それはマーケティングの仕事」と考えられていたからだ。しかし、CSOインサイトが2017年セールス・イネーブルメント最適化調査の対象者に、セールスが営業活動をするうえで必要なコンテンツをどの部門が作成しているかを尋ねた結果、違った情景が浮かび上がってきた。

セールスが営業活動をするうえで必要なコンテンツのうち、マーケティング部が作成しているものは39%に過ぎなかったのだ（**図5.2**参照）。

　マーケティング担当者が、セールスが使用するコンテンツの一部を作成することはあるかもしれないが、通常、彼らはカスタマーパスに沿ったコンテンツの全域を受け持っていない。

　組織のセールス・イネーブルメントを担うリーダーたちが持つ、「セールス・イネーブルメントの活動を支援するすべてのコンテンツはマーケティングによって作成されている」という誤解を根絶させるために、やれることの一つは、「マーケティング・コンテンツ」という用語を使わないようにすることだ。この用語は誤解を招きやすいうえ、議論に何の価値も付与しない。むしろ目的や対象に応じてコンテンツの呼び名を考えた方がいいだろう。実際、セールスが必要とするのは、顧客向けのコンテンツ（外向けに焦点を当てたも

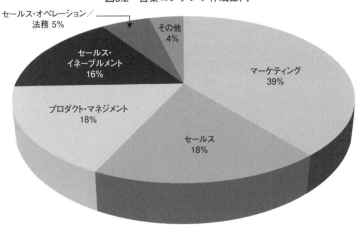

図5.2　営業コンテンツ作成部門

© 2018 MILLER HEIMAN GROUP. ALL RIGHTS RESERVED.

の）かセールス・イネーブルメント・コンテンツ（社内用）であり、マーケティング・コンテンツではないのだ。

　プロダクト・マネジメント（18%）、セールス・オペレーション／法務（5%）、その他（4%）が、購買フェーズや導入フェーズにふさわしいコンテンツを提供している。

　他の部門、特にプロダクト・マネジメントのプロフェッショナルはコンテンツへの重要な貢献をしている。プロダクト・マネジメントは、テクニカル・プレゼンテーション、録音・録画されたデモンストレーション、技術的定義や図表など、購買フェーズで必要とされる詳細なコンテンツを作成している。導入フェーズで提供された価値について、セールスやその他の顧客と接点を持つプロフェッショナルが顧客とコミュニケーションを取るうえでも、プロダクト・マネジメントが作成するコンテンツは重要である。また、セールス・オペレーション、法務、その他の部門は、提案テンプレート、サービスレベル契約（SLA）、法的書類や契約添付書類など、さまざまなタイプのコンテンツの作成に貢献する。

　セールスが営業活動を行ううえで必要なコンテンツのうち、セールス・イネーブルメントが作成しているものは16%に過ぎない。

　クライアントにこの事実を示すと驚かれることが多い。彼らはその割合がもっと高いはずだと考えているのだろう。セールス・イネーブルメントはしばしば、プレイブック、ガイドつき営業スクリプト、価値正当化ツールなど、多くのタイプのセールス・イネーブルメント・コンテンツを担当するとみなされる。しかし、割合が低いからといって、必ずしも悪いことではない。

　コンテンツはコラボレーションの産物でなければならない。セールス・イネーブルメントに求められる専門性は、どのようなコンテンツが好まれるのかを踏まえ、セールスや買い手に必要な知識を提

供する能力、そして他の部門からの貢献をオーケストレートする能力にある。コンテンツの何％をセールス・イネーブルメントが作成しているかどうかはさして問題ではないのだ。真に注目すべきことは、セールス・イネーブルメントがそうしたプロセスを適切に編成しているかどうかである。

セールスは依然として、必要なコンテンツの18%を自力で作成している。

我々の2016年調査（26%）からは改善されているものの、この割合はまだまだ高すぎる。セールスが顧客に価値を付加するために費やされるはずの時間が、それだけ削られているということを意味するからだ。セールスがコンテンツをゼロから作成しなければならないときは必ず、彼らの営業活動を支援するための全体のアプローチに何らかの問題がある。セールスはせいぜい、すでに提供されているコンテンツを微調整してカスタマイズするだけであるべきだ。セールスが適切なコンテンツを見つけられない、その品質に満足していない、あるいはツールの使用方法がわからないといったことがあれば、その問題を解決することはセールス・イネーブルメントの責任である。

　「私たちの課題は、できるだけ早くセールスチームを支援することです。たとえば、新しい商品はどんなものであり、それがどのような問題を解決し、どのような価値を創り出すことができるのでしょうか、該当する買い手側の関係者にどんな価値メッセージを伝えるのが適切でしょうか。こうした課題に効果的に対応できるように、私たちはプレイブックや営業ツールを活用しています。セールスが必要とするすべては、一つの商品ベースあるいはソリューショ

ンベースのプレイブックで見つけられるのです。

クリスティーヌ・ドリアン

Callidus Cloud 社
グローバル営業・チャネル運営・支援担当副社長

コンテンツ・サービスには
もっと手を入れる必要がある

　重要な領域にも関わらず、ほとんどの組織がこのコンテンツ領域
での取り組みに躓いていることは驚くべきことである。そうした状
況を覆すために、克服すべき二つの主な課題がある。

1. **質**　我々の2017年調査の回答者のうち、コンテンツの質を期待
   通りか期待以上と感じていたのは約半数（51%）に過ぎなかっ
   た。ただし、コンテンツの品質が不十分というのは、必ずしも
   手抜きがあるという意味ではない。むしろ、顧客が前へ進むよう
   後押しするという点において、そのコンテンツが効果的でない
   という意味に捉えた方がいい。たとえば、顧客のストーリーは
   よく書かれていて、販促品は上手くデザインされていても、
   顧客の課題に焦点を当て、具体的な結果を共有することができ
   ていないなら、買い手側と共鳴することはなく、将来の成功ビ
   ジョンの作成に役立つことはない。

2. **量**　量よりも質が大事だと我々は確信しているが、CSOインサイ
   ト2017年セールス・イネーブルメント最適化調査で、コンテンツの
   量が期待通りか期待以上であると答えた回答者は、半数を少し上

回る程度だった（54％）。これを聞くと、セールス・イネーブルメントのプロフェッショナルやその他のコンテンツ作成者はたいてい、多くの資産を格納している情報の保管場所を指さしながら、「営業チームはこれ以上何を求めているのか？」と言うであろう。

　多くの営業組織は量を課題としがちだが、量は全く論点ではないのかもしれない。たとえば、リソースが限られているセールス・イネーブルメントは、業界をまたいで使えるような、幅広いコンテンツを作成していることが多い。しかし、セールスが求めているコンテンツは、特定の問題、特定の業界のニーズに対応し、具体的な営業状況に即したものである。購買フェーズで使うコストの正当性を示すツールのように、カスタマーパスの特定のフェーズに対応したコンテンツがないという指摘もある。

　セールス・イネーブルメントのリーダーは、支援対象者のちょっとした話もフィードバックとみなすべきだが、同時にそのフィードバックを適切な観点から見なければならない。

　重要な唯一の指標は、そのコンテンツを作成することが効果的かどうかである。そして、その唯一の尺度は、見込み客がそのパスの次のフェーズに進むのを後押しするという目標を達成しているかどうかであり、理想を言えば、そのコンテンツがあることによって、より速く次のフェーズへ進んだかどうかである。

　数あるセールス・イネーブルメント・コンテンツと顧客向けコンテンツの中で、何が効果的かに関する見方が大きく違うことも注目に値する。社内にフォーカスしたイネーブルメント・コンテンツでは、商品コンテンツなどが上位にランクづけされる。回答者の53％は販促用品が期待通りか期待以上と評価し、48％は技術/商品プレゼンテーションが「強みを発揮した」と回答している。一方で、改

第5章 コンテンツ・サービス

図5.3 最も改善を要する顧客対応コンテンツ

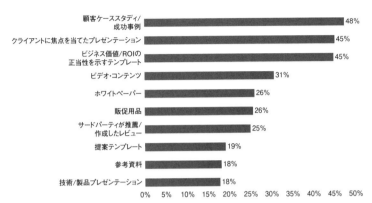

© 2018 MILLER HEIMAN GROUP. ALL RIGHTS RESERVED.

善が最も必要とされたコンテンツには、ケーススタディ、顧客に合わせたプレゼンテーション、ROIテンプレートなど、非常に重要な顧客志向のコンテンツが含まれている（**図5.3**参照）。第6章で、トレーニング・サービスの有効性を見るときも、これと同様の差異が見られるであろう。

注目のコンテンツ：
プレイブック —— ワン・ストップ・ショップ

　セールス・イネーブルメントのプロフェッショナルにとって、苦心してつくったコンテンツが誰にも使用されないことほど苛立たしいことはない。そうなる理由は、コンテンツの質や、そのコンテンツが目的にふさわしいかどうかとは無関係なことも多い。単純に、セールスが必要な場面において即座にそれを見つけられないのが理由だからである。プレイブック

があれば、適切なコンテンツを適切なタイミングでセールスが確実に入手しやすくなるだろう。

　以下で紹介するいくつかのベストプラクティスを念頭に置いてプレイブックを設計すれば、最大限の効果が出せるようになり、適切なコンテンツの利用も確保できるようになる。

ベストプラクティス1：　顧客の視点からプレイブックを作成する。プレイブックは社内用のセールス・イネーブルメント・ツールだが、顧客志向のアプローチで設計すべきであろう。商品のプレイブックを作成する代わりに、顧客のビジネス課題や業界に応じたプレイブックをつくるのである。

ベストプラクティス2：　プレイブックをカスタマーパスと連動させる。プレイブックが何を焦点としていようとも、どのようなプレイブックもカスタマーパスに合わせ、セールスやそれぞれの部門が各フェーズで知る必要のあることを含むべきである。

ベストプラクティス3：　プレイブックを、営業の方法論を補強するために活用する。たとえば、「パースペクティブ営業」を営業の方法論とするなら、プレイブックには価値メッセージなど、セールスが顧客に価値ある視点を付加しやすくなるようなコンテンツやツールへのリンクが含まれるはずである。

　プレイブックをセールスが印刷して持ち歩くような設計にする必要はない。現代では、インタラクティブなPDF、プレゼンテーション、ウェブサイトのような形式を取ることも難しくないからだ。

第5章　コンテンツ・サービス

　最近では、セールスが案件を入れるとインタラクティブなプレイブックを自動生成する機能などを持つCRMシステムがトレンドになっている。顧客がパスを進むにつれて、モジュールが追加されるかもしれないし、セールスが顧客の状況・課題・将来像に関する詳細を追加入力することもできる。

　プレイブックの形式がどのようななものであれ、カスタマーパスに合わせ、営業の方法論を統合することが不可欠である。業界固有のプレイブックに含まれるコンテンツがどのようなものか以下に概観しておこう。

特定の業界用のプレイブック（概要）

セクション1 **背景情報**	市場機会 —— 業界を分割することができる場合は、セグメント化の詳細を含む
	業界の勢力図 —— 主な競合相手は誰か？　その強みと弱みは何か？
	市場のダイナミクス —— 業界を動かし、見込み客のビジネスに影響を及ぼすマクロとミクロの動きはどのようなものか？
	業界フォーラムや協会サイトなど追加的コンテンツへのリンク
	用語集や業界特有の略語集

セクション2 **認識** **フェーズ**	役割 —— 誰が案件に関わっている可能性が高いか？彼らの中核となるビジネス目標は何か？　買い手側チーム内の役割によって状況の見方が違わないか？
	認識フェーズに合わせた価値メッセージ。価値メッセージは特定の役割にリンクすることもできる
	認識フェーズでの営業の方法論に合わせたコンテンツ。たとえば、潜在的な見込み客をどう見出すかに関するもの
	営業の方法論やスキルに関連したコンテンツ。たとえば、ソーシャルメディアでこの業界の潜在的な買い手

123

	に効果的にどう関わるかに関するもの
	認識フェーズのコンテンツ。特にソーシャルメディアで収集し得るコンテンツへのリンク
	認識フェーズに合わせた営業ツールへのリンク

	認識フェーズで示されるものよりも詳細な購買フェーズに合わせた価値メッセージ。 ビジネス価値と差異化にフォーカス
	よくある質問への回答(役割に合わせたものになるかもしれない)
	より詳細なコンテンツへのリンク。 たとえば、技術図表やホワイトペーパー
セクション3 **購買 フェーズ**	よくある反論に対処する方法(営業の方法論に特化したテクニックを含む)
	同様の目標を達成した他の顧客がいることを示すエビデンスへのリンク
	ROIツールや、この業界で会社のコストの正当性を示す資料をどう作成するかに関するベストプラクティスのアドバイス
	この業界で提案を作成する方法のガイダンス。提案作成ツールについてのメッセージやリンク
	SLAや契約など、購買フェーズで必要とされる追加的なコンテンツやツールへのリンク

	販売後のセールスの役割や、導入フェーズで価値についてどのように議論するかに関する営業の方法論ベースのガイダンス
セクション4 **導入 フェーズ**	提供した価値を明らかにし、将来にわたり価値を付加する潜在的な営業機会を特定するよう設計された役割に合わせた質問
	提供した価値を報告し追跡するためのワークシート
	提案ツールや契約更新へのリンク

■ コンテンツをオーケストレートする

　組織が非常に小さい場合を除き、コンテンツの作成作業はセールス・イネーブルメントだけで手に負えるものではない。セールス・イネーブルメントの役割は、他の部門からの貢献をオーケストレートすることであり、セールス・イネーブルメントはそのプロセスをオーケストレートするロジックの中心なのである。

　というのも、個々のセールスからのインプットを収集したり、現行のコンテンツが持つ効果を調査したり、埋めるべきギャップを特定したりするうえで、他の部門はその部門なりの偏見を持ちがちなのに対し、セールス・イネーブルメントのプロフェッショナルは見晴らしのよい地点に立っているからである。

　しかし、コンテンツのオーケストレートは容易ではない。異なるワークスタイルの間でバランスを取ったり、どのコンテンツが最善かを巡る複数の意見をやり繰りしたりもしなければならない。

　そうした、混乱を招きかねない環境に秩序をもたらすうえで役立つ、5ステップのプロセスを次に紹介しよう。

1. **棚卸し**　新しいコンテンツを作成する前に、今あるすべてのコンテンツを棚卸しして在庫リストを作成してみるべきである。そこにはセールスがある特定の案件のために作成したプレゼンテーションのような、インフォーマルなコンテンツも含まれる。初期段階に実施すれば、このステップは本格的なコンテンツ評価のプロセスとなる可能性もある。

2. **フィードバックとデータの収集**　顧客、営業組織、あるいは過去のセールス・イネーブルメントの取り組みに貢献した社内の部門など、

いくつかの情報源からフィードバック（及びコンテンツ）を求めるべきである。さらに、コンテンツの有効性に関して既存のデータがあれば収集しておきたい。セールス・イネーブルメントのテクノロジーにまだ投資していない組織の場合、顧客がファネルをどう進んだかに関するよいデータは見つけにくいかもしれない。しかし、この段階では、コンテンツの使用履歴などのデータさえも役立つ可能性がある。特定のコンテンツが頻繁に使用され、別のコンテンツがほとんど使用されていないなら、営業チームや顧客に対し、なぜそのコンテンツを選んだのかについてフィードバックを求めることもできるだろう。

コンテンツに関するギャップがないかについてのフィードバックを集めることも忘れてはならない。

顧客やセールスは、あれば便利なのに実際には用意されていないコンテンツがどのようなものかも教えてくれるだろう。彼らは、アナリストやソーシャル・ネットワークにいる同業者といったサードパーティーからコンテンツを取得しているかもしれない。その場合、そうしたコンテンツをどのような目的に役立てようとしたのか、また、その目的を果たせたのかについても深く掘り下げるべきである。そして最後に、インフォーマルなコンテンツの作成者に、なぜそのコンテンツをつくったのか尋ねてみよう。こうしたフィードバックはすべて、どのようなコンテンツを作成すべきなのかをよく教えてくれるだろう。

3. **資産の評価**　ここまでのステップでコンテンツ資産の棚卸しをし、さまざまなフィードバックを得たので、古すぎてもう使えそうもない資産はすべて破棄することになる。使わなくなったバージョンも同様に削除する。このステップには勇気を持って取り組むべきだ。特段の理由もなく、同じコンテンツを何バージョンも持ってい

れば、リソースが浪費され、混乱が生じ、メンテナンスにも手間が掛かる。最後に、収集したフィードバックやデータを使って、デザインの調整や改善を行えばまだ使えそうなコンテンツを特定する。

4. **ギャップの特定**　カスタマーパスの各フェーズや役割、業界などに即してギャップを見つけ出し、それを埋めるべく新しいコンテンツを作成したり、古いコンテンツを更新したりすることに注力する。たとえば、買い手側の担当者が適切にケアされていない（あるいは全くケアされていない）、業界状況が適切に表現されていないといった場合は、当然ながら新たなコンテンツの作成やアップデートが必要になる。また、ビジネス・インパクトを測定するためのデータポイントをアップデートする必要があるかもしれないし、もし営業組織を商品中心から顧客中心に転換しようとしているのなら、現行のコンテンツだと商品の売り込みに焦点が当たりすぎているかもしれない。この章で紹介したフレームワークは、コンテンツ評価を構造化しつつ、各コンテンツ一つひとつを確認し、カスタマーパスに即して適切に位置づけることに役立つだろう。

5. **優先順位づけ**　セールス・イネーブルメントが数多くの活動を行っても、それが目標達成のサポートになっておらず、エネルギーだけを浪費する羽目に陥りがちである。現在の組織戦略、営業戦略をサポートする最新の憲章に基づいて、プロジェクトと活動に優先順位をつけることは不可欠である。そうすれば、エネルギーを集約し、適切な方向へと向かう推進力を生み出すことができる。組織の目的に最も密接に関連するコンテンツ、特にパフォーマンス改善の必要がある分野は、リストの一番上に置く必要がある。

　さらに、セールス・イネーブルメントの活動は日々あれこれと多

くの要求にさらされている。あるコンテンツがよいアイデアに思えても、憲章に即していなければ、そのアイデアを実行しても時間の無駄になる。それでも支援対象側が必要だと言い張るなら、憲章の方が現実に合っていないか、組織の目標と連動していないことを示しているのかもしれない。理由が何であれ、セールス・イネーブルメントのリーダーは次々とやってくる要求が憲章に沿っているかどうかを注意深く検討すべきである。とはいえ、もちろん諸部門が関わるプロジェクトで優先順位をつけようとすれば、意見の相違が生じることはあるだろう。第11章では、こうした混乱に対処するうえで、セールス・イネーブルメント諮問委員会の設置がどのように役立つのかについて論じる。

　これらのプロセスは、コンテンツの領域での取り組みを次のレベルに引き上げるために、何が必要であるかを理解するのに役立つ。そうは言っても初期段階で優先順位づけのリストを作成しようとすれば、おそらく気が遠くなるはずだ。優先順位づけリストの作成を効率よく効果的に成し遂げるうえで、コラボレーションやプロダクション・プロセスの定義がどう役立つかについては、後の第4部で見ていくことにする。

営業チームへ負荷をかけすぎないこと

　営業組織に負荷を掛けすぎ、個々のセールスがあまりにも多くの方向に引っ張られるとすれば、それはセールス・イネーブルメントがコンテンツを効果的にオーケストレートできていないことを示す明確な兆候である。過度に縦割りになっている組織で問題となるのは単にコラボレーションの欠落ではない。各チームがセールスの注意を引くために互いを出し抜こうと競い合うことはよくある。たとえば、プロダクト・マネジメントがセールスのために、製品発売をサポートするためのトレーニングセッションやプレイブック、パンフレット、その他のリソースを作成するかもしれない。同時に、マーケティングは、より成熟した市場でより大きなシェアを占めようとキャンペーンを行うと決めたりもする。他の部門も注目を惹こうと参戦してくる。たとえば、コンサルティングは、セールスに現在の商品ラインナップにさらなるサービスを追加する方法を教えるべく、短期集中講座（ブートキャンプ）を組織するかもしれない。

　これらの取り組みのそれぞれは、組織にとって貴重かもしれないが、こうした状況において営業組織のメンバーが、「自分たちは三つの異なる方向に引っ張られている」と不満を述べたとしても、誰が非難できるだろう。トレーニングのためにセールスを現場から引き離し、三つの異なる取り組みに時間を取らせれば、結果としてどの取り組みも失敗に終わり、セールスは窮地に追い込まれることになる。

　セールス・イネーブルメントはオーケストレーターであると同時に、セールスから時間を奪うような要求に対して門番として機能する。すべてのキャンペーンがセールスの目標全体をサポートするように、そしてセールスが自分の売上目標を達成するために十分な時間を確保できるようにするのである。また、営業組織にとってそれぞれのコンテンツにどのような

価値があったのかについてフィードバックを集めれば、その情報を活用してさまざまな取り組みをさらにオーケストレートし、改善することができる。

一つまたはそれ以上の問題が発生しているなら、オーケストレーターとしての役割を果たせていないのかもしれない。あるいは、各部門のトップから適切な支援が得られていない可能性もある。ここでも、フォーマルなコラボレーション・モデルとセールス・イネーブルメント諮問委員会（第4部で主題として扱う）が、これらの課題を克服するのに役立つだろう。

■ 次のステップ

この章では、コンテンツ・サービスに焦点を当ててセールス・イネーブルメント・サービスとはいかなるものかを論じてきた。第4部では、コラボレーション（第9章）、テクノロジーの活用（第10章）、オペレーションとガバナンス（第11章）、成果の測定（第12章）について扱い、コンテンツ・サービスの作成や提供をオーケストレートしていくプロセスについての細部を詰めていく。

しかしその前に、第6章（トレーニング・サービス）、第7章（コーチング・サービス）、第8章（価値メッセージを通じた一貫性の構築）を読んで、これらのサービスの領域について明確に理解することが重要になる。効果的な営業組織には一貫性が必要であり、それをもたらすために三つのサービスはすべて価値メッセージを通して調整されなければならない。まずはコンテンツの領域に集中することを決めること、そしてコンテンツが他のサービスをどのようにサポートし、またそれらのサービスによってどのようにサポートされているかを知っておくことは、将来の成功についてより明確なビジョンを持つうえで役立つだろう。

第5章 コンテンツ・サービス

検討課題

● 現行のコンテンツ・サービスはどの程度効果的ですか？ そのことを
どのように測定していますか？

● どの支援対象者から効果的にフィードバックを集めていますか？ す
べての支援対象者から上手くフィードバックを集めるにはどうすれ
ばいいでしょうか？

● カスタマーパスに即して設計されたコンテンツを提供していますか、
それとも商品を中心としたプロダクト・アウトの思考に偏っています
か？

● コンテンツはどの部門が作成していますか？ コンテンツ・マネジメ
ントはどのように組織化されていますか？

● コンテンツ作成者間の組織横断的なコラボレーションはどの程度上
手くいっていますか？

すぐにやるべきこと

セールスが活用するコンテンツの質と有効性を改善するために、すぐ
にやるべきことを、いくつか書き出してみましょう。

第6章

トレーニング・サービス

Training Services

キーポイント

- トレーニング・サービスでは、(営業組織にとって必要な) 知識、方法論 (メソドロジー)、スキルをカバーする必要がある。

- 新しいテクノロジーは、現在の学習者に応じてデザインされた多種多様な学びのスタイルを提供する。

- 「トレーニング」となると人材開発部門の管轄となることが多いが、セールス・イネーブルメントは、営業組織にとって効果的なイネーブルメント・サービスを作成・提供するのに必要な、組織横断的なコラボレーションをオーケストレートしなければならない。

セールス・イネーブルメントにおける
トレーニングの役割と範囲

　ここ3年間の我々の研究で、トレーニングは提供されるセールス・イネーブルメント・サービスの中で常にトップにリストされていた。すでにトレーニングがセールス・イネーブルメントにおいて重要な役割を担っているのは明らかだ。しかし、セールス・トレーニングが意味することは、人によって異なる。セールスを効果的に支援するには、トレーニングは三つの異なる要請に対応する必要がある。

1. **知識**　プロダクト・トレーニングは、業界や市場に関するセッションといった、その他多くのタイプのトレーニングと同様、この"知識"に関するトレーニング・サービスのカテゴリーに分類される。営業の方法論に関するトレーニングやソーシャルセリングに関するトレーニングでさえも、たとえばプロセスやツールに焦点を当て、見込み客のリードを案件としてCRMに移行させる方法や、あるいはLinkedlnでプロファイルを設定する方法といった質問に答えるのであれば、このカテゴリーに入れるべきだ。知識トレーニングは重要だが、セールス・イネーブルメント・サービスはそれに留まるわけにはいかない。

2. **営業の方法論**　営業の方法論に関するトレーニングは、セールスが何をなぜすべきかを理解するために役立つ。先ほどの知識トレーニングの例を使えば、営業の方法論に関するトレーニングは、セー

> 営業の方法論に関するトレーニングは、営業プロセスをカスタマーパスに結びつけるものである

ルス・プロフェッショナルが顧客の置かれた状況やソリューションについての考えを見定めつつ、臨機応変に対応する力を伸ばすうえで役立つ。また、セールス・プロフェッショナルはその営業活動において顧客に付加価値のあるパースペクティブを提供することで、購買の見込み段階から案件の成約へと買い手が進めるよう後押しできるようになる。営業の方法論に関するトレーニングは、営業プロセスをカスタマーパスに結びつけるものである。

3. **スキル**　スキル・トレーニングは、カスタマーパスに沿って営業の方法論を実行するために必要な能力に関わる。その範囲は、アクティブリスニングのような基本スキルから、買い手が苦労している点を見出すためにはどのように質問すればいいのかといった営業の方法論に関するスキル、またソーシャルメディアでどのように効果的にコンテンツを収集し、買い手に関わるのかといったより具体的なスキルに至るまで幅広い。スキル・トレーニングは、セールスが知識トレーニング、営業の方法論に関するトレーニングを実際に現場で活用できるようにするためのものである。

　本章では、トレーニングがカスタマーパスやコンテンツと整合性があることを示すために、セールス・イネーブルメント・サービスのフレームワークにレイヤーを一つ追加する（**図6.1**参照）。トレーニングの中には、特定のフェーズに直接結びついていないものもある。たとえば、一般的な営業スキルは、カスタマーパス全体に関わっている。しかし、顧客がトレーニングの焦点であり続けなければならないことに変わりはない。

第6章　トレーニング・サービス

図6.1　セールス・イネーブルメント・サービス
のフレームワーク　パート2

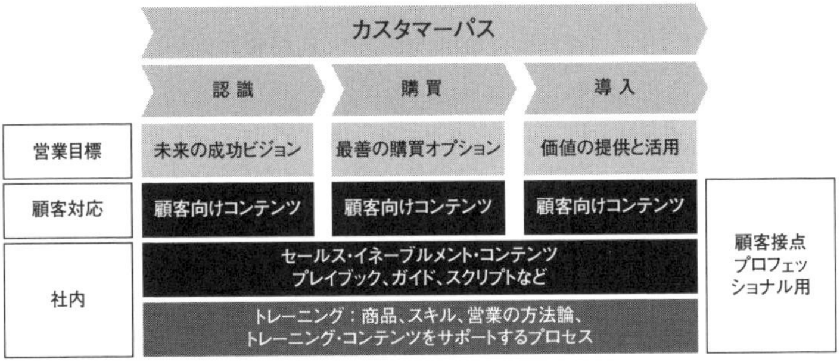

	カスタマーパス		
	認識	購買	導入
営業目標	未来の成功ビジョン	最善の購買オプション	価値の提供と活用
顧客対応	顧客向けコンテンツ	顧客向けコンテンツ	顧客向けコンテンツ
社内	セールス・イネーブルメント・コンテンツ プレイブック、ガイド、スクリプトなど		
	トレーニング：商品、スキル、営業の方法論、 トレーニング・コンテンツをサポートするプロセス		

（顧客接点プロフェッショナル用）

© 2018 MILLER HEIMAN GROUP. ALL RIGHTS RESERVED.

コンテンツにトレーニングを連動させたことで、60日でパイプライン（案件化された数）を32％増加

　ある数十億ドル規模の企業におけるトレーニングのイニシアチブが、すぐにコンテンツのプロジェクトにもなった。その会社はまず、グローバル営業チーム全体で営業の方法論を標準化する必要があると判断した。そのためには、そしてトレーニングの費用対効果を高めるためにも、トレーニングが終わった後でもチームが学んだ営業の方法論を活用し続けられるように、組織全体に浸透させていく必要があった。同社はMereo社に助言を求めた。Mereo社は売上改善アドバイザリーの独立系コンサルティング企業であり、さまざまな組織が安定した売上を上げられるよう支援している。

　社内のマネジャーたちとミーティングする中で、Mereo社の社長のジェイ・ミッチェル氏には、この顧客には別の問題があることが明確にわかっ

135

てきた。

「セールスマネジャーが、各セールスに自社商品以外について考えさせていないのです」とミッチェル氏は言う。「営業幹部の1人は、営業訪問の途中で、顧客が解決すべきビジネス上の問題について話すよう同行したセールスに質問したときの様子を説明してくれました。セールスの全員が1人残らず、そのとき売ろうとしている商品の特徴について話し始めたのです。その商品が実際に使用されると顧客にとって何が解決されるのか、明確に言葉にできる者はいませんでした。」

　ミッチェル氏と彼のチームは、まず社内のマネジャーやセールス、専門分野を持つスペシャリストや顧客へのインタビューを実施し、状況の把握に努めた。「セールスとのミーティングで顧客に同席してもらう必要がありました。セールスが耳を傾ける唯一の相手が顧客だからです。『一方的に話さず、少しは顧客の話を聞きなさい』と言ってくれる顧客が必要になるときもあるのです」とミッチェル氏は冗談半分に笑いながら言った。

　最終的に、Mereo社は3ヶ月にわたって300人以上のセールスにトレーニングを提供した。そのトレーニングでは、競争相手、業界、活用事例、規制情報などの必要事項がセグメントごとに書かれた36種類以上のプレイブックが使われた。各プレイブックは営業の方法論に沿って編成してあり、所定の営業の方法論にしたがって顧客の状況に合わせた特定のアプローチをしようとする際に、セールスがまさに必要とするサポートを提供していた。

　かなりの効果がすぐに表れた。トレーニング・プログラム実施とプレイブック導入後、この組織は60日でパイプラインの案件数を32%増加させ、それまでは60〜70%だったセールスチーム全体の売上目標達成率も、次の四半期には110〜120%になった。

第6章 トレーニング・サービス

■ どの形式がベストか？

　トレーニング・テクノロジーとプラットフォームの大幅な進歩にも関わらず、多くの組織は依然として従来型の方法でトレーニングを提供している。CSOインサイトが、どの形式のトレーニングが最も頻繁に提供されているかを調べたところ、約4分の3の組織が、現場トレーニングかクラスルーム・トレーニングを挙げた。多くの企業では伝統的な「経験豊かなセールスのシャドーイング・トレーニング」と同様に、ウェブセミナーも人気があった。対してオンデマンド、特にモバイル学習はあまり一般的でなかった。

　　「我々は24カ国で300人以上のセールス・プロフェッショナルを抱える大企業です。従来型のクラスルーム・トレーニングだけでは、このような大組織では対応できません。営業組織をスキルアップさせる、より効果的で費用対効果の高い方法が必要でした。

　　幸いなことに、ケーブル・アンド・ワイヤレスでは10年以上にわたりeラーニングを実施しており、豊富なプログラムをライブラリーとして持っていました。セールスに必要な能力に対応したeラーニングのプログラムが用意され、セールス・プロフェッショナルは自分を伸ばすためにコース・書籍・ビデオを利用することができます。個々人の成長に合わせて、マネジャーはチームのメンバー各自と協力して成長プランを用意することが求められていました。」

ボリス・クルック

Cable & Wireless Communications社
営業運営担当副社長

　組織にセールスが存在する以上、「出張が多い人」が存在するの

は当然だが、セールスはこれまで以上に移動が多くなっている。また、スマートフォン、タブレット、その他のデバイスはセールス職にほぼ完全に普及しており、それらを使って彼らは今まで以上につながっている。これほどまでにモバイル環境が普及しているのに、従来の形で提供されるトレーニングに参加するために現場を離れることは、セールスにとってなおさら苛立たしく感じられるだろう。

　Mラーニング（モバイル・ラーニング）とeラーニングのトレーニング・セッションなら、必要に応じて時と場所を選ばずセールスにジャスト・イン・タイムでトレーニングやフォローアップの資料を提供できる。

　一方で、セールスはたいてい人と直接関わることを好む傾向があり、これにはこれで、人と一緒にやることで互いにやり取りしながら学び合えるという利点がある。我々のクライアントのほとんどは、セールスの育成において、クラスルームスタイルとMラーニング/eラーニングのモジュールを組み合わせて使っている。しかし、クラスルーム・トレーニングでさえも、よりインタラクティブなアプローチへと急速に進化しており、「ステージの上の賢者」と揶揄されるようなインストラクターが、教室の前に立ち知識を伝授するアプローチは減少してきている。

　この新しいアプローチでは、Mラーニング/eラーニングのモジュールを使ってあらかじめ概念を伝えることができるので、学習者はクラスでの時間の大部分を演習や議論に費やすことができる。Mラーニング/eラーニングのモジュールは、学習者がクラスを離れ、学習したことを現場で適用した後、学んだことを定着させるためにも使われる。最近の学習プラットフォームでは、ソーシャルメディアを活用する能力と学習モジュールを組み合わせているため、セールスチームの仲間同士のコミュニケーションが年に数回の顔合わせのタ

イミングだけということにはなり得ない。

オンライン・モジュールやマイクロラーニング・ツールによって、学んだことを再確認できるようにすることは不可欠である。忘却曲線は最初1800年代後半に紹介され、さらなる研究によって裏づけられたものだが、それが示すところによると、人は1時間以内に学んだ情報の平均50%を忘れ、24時間以内には平均70%を忘れてしまうという。1週間もたてばその90%は記憶から消え去ってしまう。定着のためのトレーニング・サービスは、学習者がより多くの情報をより長く保持するのに役立つだろう。

最近の学習者

情報収集の手法や新たな事柄の学び方は、テクノロジーによって急速に変化している。ほんの数年前、車のオイルを交換しなければならないが、どうやったらいいかわからなければ、助手席の前の小物入れの中のマニュアルを探し出し、それを丁寧に読んで、できるだけのことをやってみたことだろう（あるいは、その場でオイル交換してくれる店に車を持って行ったかもしれない）。今は、YouTubeでちょっと探せば、その車種やモデルの場合にどのようにすればいいかを一つひとつ手ほどきしてくれる動画が、いくつも見つかる。

さらにスマートフォンのような携帯機器を誰もが持っている。それは、どこにいても学べるということだ。わずかこの5年で、スマートフォンの世界普及率は19%未満からほぼ75%に増加した。たいていの人は、何かを調べたり、知識を収集したり、新しいことを学ぶ必要があれば、GoogleやBingを頼りにする。

こうした消費者志向の学習アプローチは、職場における学習への期

待にも影響を与えてきた。我々の経験と関連しているかなどはお構いなしに、一方的にインストラクターが何時間も話し続けるのをただ座って聞くのは耐えられない。むしろ自分なりに学ぶ力を与えてほしいし、教わるなら、その内容が自分の仕事にどんな意味を持つのかよくわかっている人（多くの場合、同僚）から教わりたい。特定の何かのやり方を学ぶ必要があるときは、YouTubeのオイル交換動画のように、簡単にアクセスできて、自分の状況にふさわしいものに頼りたい。

　こういった新しい期待を抱くのは、スマートフォンを手にして生まれたように見えるミレニアル世代やi世代（彼らもちょうど働き始める頃である）に限られているわけではない。今日の労働環境では、i世代からベビーブーマーの最高齢まで、誰もがより短時間で多くの作業を行うよう求められるという現実がある。事実上すべての人の指先にテクノロジーはあり、ますます多くの業界で労働者は、仕事中にテクノロジーを使って、いつどこにいようと必要に応じて学び、情報を収集できるだろうと考えている。そのような態度を我々は「ミレニアル・マインドセット」と呼ぶことにしている。

■ 人材開発（L&D）部門を味方にしよう

　あなたがこれまでプロダクト・トレーニング程度しか提供していないのであれば、本章の内容に少し圧倒されてしまうかもしれない。今いる地点からあるべき地点へ、一体どうやったらたどり着けるのか？　あなたの組織に公式の人材開発部門かトレーニング・アカデミーがあれば、その地点は思っているほど遠くはないかもしれない（もしあなたの組織に正式な人材開発部門がない場合、この後のト

レーニングのオーケストレーションに関するセクションを丁寧に読むといいだろう）。

　人材開発部門の構成は組織によって異なるが、その部門には学習理論の専門家が少なくとも1人か2人はいるのが普通である。恵まれている場合、最近の学習プラットフォームにすでに投資がなされていて、それが活用できるだろう。そうでなくても、少なくとも最近の学習プラットフォームに目は向けられていて、それに対する投資がまだ正当化できていないということかもしれない。そのような場合は事例として機会を提供することもできる。最悪の場合、人材開発部門の担当者が最近の学習プラットフォームについて何も知らないということもあり得る。その場合は、彼らが新たな機会を活用できるようサポートすることが必要になるだろう。

　トレーニング・サービスの開発を始める準備が整ったら、クラスルームのサービスであろうとMラーニング/eラーニングのモジュールであろうと、その取り組みをリードする人が必要となる。人材開発部門にいるセールス・イネーブルメントの理解者はその領域の専門家ではないだろうが、専門家がその知識を有用なセールス・イネーブルメント・サービスに翻訳するサポートをすることはできる。

　トレーニングに関して背景知識を持っていない場合、そこで使われる専門用語をよく理解しておくと、組織内にいる人材開発のプロフェッショナルとより生産的な議論を行うことができるだろう。親しんでおくべき用語をいくつか挙げておこう。

バッジング　バッジを渡すことでコースの修了や合格したことを証明する。バッジは、LinkedInなどのプラットフォームのソーシャル・プロファイルに追加することができる。

資格認定　バッジングと同様、資格認定は、ある分野における能力を

証明するためによく使用される。

ゲーミフィケーション　学習に得点やスコア表、バッジのようなゲームの要素を追加すること。セールスは競争好きの傾向があるので、ゲーミフィケーションはセールス・イネーブルメントでは特に効果的である。

LMS　ラーニング・マネジメント・システム。出席、受講者アンケート、理解度に関するデータだけでなく学習用資産を維持・管理するためのシステムを指すやや古い用語。

マイクロ・ラーニング　非常に限定されたトピックに焦点を当てて短時間で一気になされる学習。一般に、マイクロ・ラーニングは記憶保持を増大させると考えられている。また、忙しいセールスの参加を促す最適の方法と考えられている。

Mラーニング　モバイル学習。モバイルデバイスを通じてアクセスできる学習用資産を指す。

MOOC　大規模な公開オンライン講座－大学がコミュニティに提供することで始まったオンライン講座で、誰でも無料で利用できる。民間企業は現在MOOCのコンセプトを取り入れ、営業組織のための学習プラットフォームに転換しようとしている。

VILT　バーチャル・インストラクター主導のトレーニング。インストラクターと学習者が別の場所にいて、仮想環境で提供されるトレーニング。このトレーニングでは、インストラクターと学習者、ときには学習者同士のやり取りが促される。

MOOCを利用して1600名の
セールス・プロフェッショナルに
トレーニングを提供したヘルスケア組織

　IQVIA社はインサイト、テクノロジー、インテリジェンスを活用して健康増進に取り組む企業であり、世界中にいる従業員はこの2年間に1万人から5万人以上へと成長した。非常に複雑で困難な環境で働く1600名のセールス・プロフェッショナルの営業スキルや能力を伸ばすために、同社はいくつかの目標に沿ってトレーニング・サービスを作成する必要があった。

- 世界のさまざまな地域で効率的かつ経済的に活動できるようグローバルなセールスのスキルを磨くこと
- 営業プロセスやCRMプロセスにおいて一貫性を確保すること
- 既存の営業新人研修や人材確保のやり方を改善すること
- クロス・セリングの能力を増大させること
- 営業トレーニングで現場を離れる時間を最小限に抑えること

　これらの目標を達成するために、IQVIAのチームは、さまざまな活動を織り交ぜMOOC的な学習アプローチを選択した。
　「案件を前に進めよう」と名付けられたプログラムでは、実在のクライアントのビジネス状況やビジネス案件が実際どのような結果になったのかに基づいた応用学習に重点が置かれた。講座はオンライン・オフラインの活動が織り交ぜられており、Intrepid Learning社のプラットフォームによって管理・提供されているので、基本的に自分のペースで進めることができ、同僚やマネジャーから直接コーチングを受けることもできる。
　Intrepid Learning社が提供する学習プラットフォームを利用すること

で、IQVIAのチームは、システムの利用者数に制限を設けることなく、複数の地域やタイムゾーンをカバーする学習プログラムを作成することができた。ディスカッション・フォーラム、コメント、「いいね」などのソーシャル機能は、広く分散しているセールス全体の関与や交流を高めてくれる。スコア表、バッジ、ベストプラクティスの共有などのゲーミフィケーションの要素は、各セールスの関心度を高め競争を促す。組織にとってみれば、この新しいアプローチは、セールスを本部に集めてトレーニングするコストをなくし、売上を稼ぐ者が現場を離れる時間を最小限に抑えてくれるのである。

当時の成果は将来的に高い期待を抱かせるものであり、そのプログラムは今やIQVIA社の営業新人研修プログラムの不可欠な部分となっている。3カ月間にわたるインパクト調査によれば、プログラムの参加者の81%がクライアントのビジネス・ニーズと同社が提供するソリューションを上手くリンクさせられるようになり、営業チームはネットワークの力を使って、仲間と定期的にコラボレーションしている。また、同社のセールスマネジャー全員がプラットフォーム上で提供されている管理ツールを使用しており、そのうち90%以上はすでにチームの業績が向上していると語っている。

注目のトレーニング：
新規採用トレーニング

新規採用トレーニングは、セールス・イネーブルメントが明確に測定可能なインパクトを与え得るトレーニング分野である。多くの営業組織で平均離職率が高いことを考えると、営業組織のかなりの

部分は、未経験者か採用されたばかりの人で構成されている可能性が高い。さまざまなクライアントと関わってきた我々の経験から、生産性の向上が早い新規採用者の離職率（自主的であれ非自主的であれ）は低く、投資した時間と努力が無駄になる可能性は低いと言える。したがって、CSOインサイト2017年セールス・イネーブルメント最適化調査で、新規採用者が十分な生産性を示すまでの時間の削減が、営業にかける時間の増加に次いで、生産性目標の2番目となっているのは驚くべきことではない。

　新規採用者の育成期間を短縮することが持つ潜在的なインパクトを計算し、経営層に提示すれば、セールス・イネーブルメントの取り組みに投資することを正当化するのに役立つであろう。十分な生産性を示すまでの平均時間がどれくらいかよくわからないかもしれない。しかし、それを手早く簡単に計測する方法がある。

　まず、スプレッドシートのA列に過去2年間で新規に採用したセールスをすべてリスト化する。次に、B列からY列まで、入社後の毎月の彼らの売上数を入力する。そして、新規採用者の平均パフォーマンスを、経験を積んだセールス・プロフェッショナルの平均と比較すれば、どの時点で新規採用者が経験を積んだ人々と同じレベルの生産性を発揮し始めるかが見えてくる。

　もっと洗練された分析もあるだろうが、この方法でも、新規採用者が十分な生産性を示すよう、より早く育成することの潜在的なインパクトが計算できる。

■ トレーニングをオーケストレートする

　今日、多くの組織、特に大規模な組織や、複雑な商品やソリューションを営業する組織には、トレーニング・カリキュラム全体に責任を持つ人材開発部門がある。セールス・イネーブルメントがトレーニング・サービスの作成や提供をオーケストレートすると言っても、人材開発部門の役割に取って代わるわけではない。シンプルに言えば、トレーニング・サービスがセールスのニーズに対応していることを裏づけるだけである。

　トレーニングに対する取り組みをオーケストレートするプロセスは、前章でコンテンツ・サービスについて見てきたものとほぼ同じである。

　トレーニングの文脈に即して、下記の通り5ステップをもう一度見てみよう。

1. **既存サービスの棚卸し**　コンテンツの場合と同様、まず今の営業組織が持つすべてのトレーニング・サービスの棚卸しをして、そのリストを作成する必要がある。もしトレーニングとセールス・イネーブルメントに密接な関わりがあるとこれまで考えられていなければ、どのようなサービスがあるのか少し調べる必要があるかもしれない。人事、人材開発、マーケティング、セールス・オペレーションなど他の部門と連携を取り、各部門が提供しているトレーニング・サービスがないか確認しよう。商品説明などの公式のトレーニングは簡単に見つかるだろうが、コンテンツと同様、非公式なサービスの中に必要なものがあるかもしれない。たとえば、あるプロダクト・マネジメントのプロフェッショナルがインフォーマルに一部のセールスのために、5分間の商品デモビデオを作成していた

かもしれない。こういう類のサービスを掘り起こすには、少し踏み込んでみる必要があり、各セールスやそうした素材を持っているかもしれない人に聞いて回る必要がある。

2. **フィードバックとデータの収集**　セールスやセールスマネジャーはたいてい、どのトレーニングに価値があり、どのトレーニングがそうでないか、なぜそうでないのかについてフィードバックすべきことをたくさん持っている。そうしたデータは、受講者アンケートとあわせて、トレーニング・サービスの価値がどのように見られているか評価するベースになるが、実際の価値を示しているか曖昧なところもある。

　もしトレーニング・サービスを、営業サイクルにかかる時間の削減といったパフォーマンス改善に関連づけることができればなおさらよいが、セールス・イネーブルメントの構築に取り掛かったたばかりでは、容易ではないだろう。十分な分析に必要なきめ細かいデータを収集するシステムは組織に整備されていないことが多い。しかし、トレーニング評価のようなデータを全体的なパフォーマンスレベルと比較することはできるだろう。コンテンツと同様、トレーニングがパフォーマンスにどう影響しているのかについてインサイトを得たい場合、評価もパフォーマンスもともに高すぎたり低すぎたりといった極端なケースに焦点を当てるべきである。

　ステップ1で掘り起こしたインフォーマルなトレーニング・サービスの場合、そのサービスがなぜ必要とされたのかを考えるべきである。プロダクト・マネジメントが役立つと思ったサービスがあっても、セールスがそれを使ったことがないとすれば、そのサービスの意義を判断する重要な指標になる。他方、要求がセールスから生じたものであれば、そのサービスがセールスのニーズを満たす可能性があるので、そのニーズについて詳しく尋ね、もっとよく知る必要がある。

トレーニングは、先進的な組織が最高の人材を継続的に確保するための方法の一つである。有能なセールスは、市場価値のあるスキルや知識をより深く身につけさせてくれる企業を探している。逆にトレーニングの欠如は有能な人材が離職する理由の一つにもなる。退職者に対するインタビューは、自社のトレーニング・プログラムの有効性についてフィードバックを収集する絶好の機会である。実際、なぜそのセールスが（自主的であれ非自主的であれ）離職したのかを調べることは、2017年セールスベストプラクティス調査における

> トレーニングは、先進的な組織が最高の人材を継続的に確保するための方法の一つである。有能なセールスは、市場価値のあるスキルや知識をより深く身につけさせてくれる企業を探している

ベストプラクティスの上位12の項目に含まれている。

3. **資産の評価**　次に、リストから古すぎてもう使えそうもないすべての資産を削除すべきである。トレーニングにはたくさんの種類があるため、たとえば、人事からの必須コースには、セールス・イネーブルメントと関係のないものも多くあり、それらはリストから削除した方がよい。しかし、やりすぎには注意しよう。アクティブリスニングのスキルなどの一部のコースは、セールス・イネーブルメントに非常に適しており、顧客接点にあるプロフェッショナルに対してさらにインパクトを与えるものに比較的容易に改善できる。

4. **ギャップの特定**　カスタマーパス、憲章、これまで収集したデータとフィードバックを活用して、今度はトレーニング・サービスの中にあるギャップを特定する。考慮すべき問いがいくつかある。

- トレーニング・サービスの作成時に見落とされたセールスはいないか？　たとえば、すべてのトレーニングがテリトリー・マネジャー用に設計されている場合、特定のアカウントを持っているセールスに対するサービスを作成（または修正）する必要がある。

- カスタマーパスのどのフェーズに対してトレーニング・サービスを追加する必要があるか？　たとえば、導入フェーズでセールスは提供した価値を効果的にアピールできているか？　そうでない場合、それに関するベストプラクティスを学ぶには、どのようなトレーニング・サービスが役立つのか？

- トレーニングで扱われていない重要なスキルはあるか？　わかりやすい例はソーシャルセリングのような比較的新しいスキルだが、交渉のような伝統的なスキルに対するトレーニングが抜け落ちているかもしれない。

- さらなる補強が必要な重要スキルはあるか？　特定のスキルに対してトレーニング・サービスを提供しているとしても、セールスがそのスキルを活かせていないなら、追加のトレーニング・サービスが必要かもしれない。

5. **優先順位づけ**　コンテンツと同じように、営業部門からのトレーニング・サービスに対する絶え間ない要求にさらされる可能性がある。トレーニングとセールス・イネーブルメントを同義語に近いものとみなす組織では特にそうなりがちである。組織が依然としてプロダクト中心の考え方を持っている場合、これらの要求の多くはプロダクトに向けられているだろう。この章で学んだ内容や作成した憲章を使って、行うべき取り組みに対し慎重に優先順位をつけるべきである。

■ 今後に向けて

　コンテンツと同様に、トレーニング・サービスの作成や提供は、組織横断的なコラボレーションが必要なプロセスである。たとえば、多くのセッションからなる営業キックオフ会議を主催しているときのように、同時に多くの部門が関わるときは、トレーニングが難しくなることもある。セールス・イネーブルメント・オペレーションについて第11章で論じるとき、コラボレーション・モデルの重要性やセールス・イネーブルメント・プロセスの定義方法について掘り下げよう。

　次の章では、サービスの第3のカテゴリーであるコーチングについて検討する。コーチング・サービスには、セールスマネジャーがより優れたマネジャーになるためのトレーニング・サービス、コンテンツ・サービスが含まれている。それらを上手く使えば、マネジャーはセールスと日常業務を行っていく中で、彼らの知識強化、スキル開発、行動変容を促すことができるだろう。コーチング・サービスは、通常、セールス・イネーブルメントの取り組みに手をつけたばかりの組織では、最初から焦点となることはないが、パフォーマンスに大きな影響を与える可能性を持っている。

検討課題

● 現行のトレーニング・サービスはどこに焦点を当てていますか？
知識？ 営業の方法論？ スキル？ どのカテゴリーのトレーニング・サービスを追加あるいは改善する必要がありますか？

● 新しいテクノロジーを活用し、現場のニーズの変化に対応するために、トレーニング・サービスをどのように進化させる必要がありますか？

● セールスが現場を離れずにトレーニングにもっと関われるようにするにはどうすればよいでしょうか？

● セールスがトレーニングに関して仲間同士でもっとやり取りできるようにするにはどうすればよいでしょうか？

● トレーニングを重視してもらえるようセールス・マネジャーに促すには、彼らにどう関わればよいでしょうか？

● セールス・イネーブルメントがトレーニング・サービスをうまくオーケストレートできるようにするには、どうすればよいでしょうか？

すぐにやるべきこと

トレーニング・サービスの改善に向けてすぐにやるべきことをいくつか書き出してみましょう。

第**7**章

コーチング・サービス

Coaching Services

キーポイント

■ コーチング・サービスは、セールスチームに提供されるコンテンツ・サービス、トレーニング・サービスを補強し、セールス・イネーブルメントへの投資に対するリターンを向上させる。

■ 効果的なコーチングには、リード/案件、ファネル/パイプライン、スキル/行動、アカウント、テリトリーの五つの主要分野が含まれる。

■ 最も優秀な営業組織は、セールスマネジャーが単なるコーチング以上の支援をセールスに行うことができる。

セールス・イネーブルメントは なぜコーチング・サービスを 提供する必要があるのか

　まず、コーチングについて共通認識のレベル合わせから始めよう。営業コーチングとは、セールスマネジャーなどが、一定のアプローチやコミュニケーションスキルを、各領域における高度な専門性と組み合わせながら活用するためのプロセスのことであり、その中でマネジャーはチームのメンバーと対話しながら、セールスの成功を新たなレベルへと引き上げる機会や改善すべき領域を見出せるようにする。表面的には単純なことである。

　コーチングは、何十年もの間、営業組織の焦点であった。しかし残念ながら、我々が関わったほとんどの営業組織がコーチングを最も難しいことの一つに挙げている。多くのマネジャーはほかにやることも多く、それぞれのセールスと対話をするための時間を見つける（対話が必要かどうか判断する時間すらない）のに苦労しているし、そのような対話を一貫して効果的に行うための手法やスキル、ツールを持っていない。このギャップを埋めるには、セールス・イネーブルメントの担い手や彼らとコラボレーションする部門による相当な努力が必要であろう。

　しかし見返りは大きい。コーチングは、セールス・イネーブルメントへの初期投資を促し補強するうえで最善の方法である。コーチングスキルの開発は、プロダクト志向の案件単位のアプローチから広くビジネスの成果に焦点を当てたアプローチへの移行など、重要な変革を目指す組織にとって不可欠である。

　実際、2017年セールス・イネーブルメント最適化調査によれば、セールスマネジャーをセールス・イネーブルメント・サービスの

ターゲットとして積極的に位置づけ、セールス・イネーブルメントの全体的なフレームワークの中で意識的にコーチング・サービスを活用することによって、コーチングの成熟度でダイナミックなレベルに達した組織は、フォーキャストされた案件の成約率が調査平均の52%より14%改善していた（**図7.1**参照）。とはいえ、まだダイナミックなレベルにまで達していないとしても、それは珍しいことではない。調査段階で、このレベルのコーチング成熟度に達していたと答えた組織は11%にすぎなかった。

コーチング・トレーニングを提供し、マネジャーにそれを実践する責任を課している組織の場合、コーチング成熟度は「フォーマル」のレベルにある。そのレベルでも得られるものは大きい（7%の改善）。簡単に文書化はされていてもそれ以上の補強はされないうえ、責任者も存在しないようなインフォーマルなアプローチでの効果は、フォーマルなアプローチやダイナミックなアプローチに及ばない。しかし、もっと悪いのはランダムなアプローチで、このレベルではコーチングは各マネジャーに委ねられ、それをどのように実施するかは彼ら次第となっている。

コーチング・サービスは、セールス・イネーブルメント・サービスのフレームワークにもう一つのレイヤーを追加し、ランダムやインフォーマルからフォーマル、最終的にはダイナミックへと成熟度を上げるのに役立つ。コーチング・サービスは、セールスマネジャーがセールスを効果的にコーチングできるようになるためのコンテンツやトレーニングであり、同時に、各セールスに向けて初期のセールス・イネーブルメント・サービスを導入・補強することでもある。

セールス・イネーブルメントのフレームワークにどのようにコーチング・サービスを組み込むべきかを考える際、この種のサービスの対象をなるべく広く考えておきたい（**図7.2**参照）。

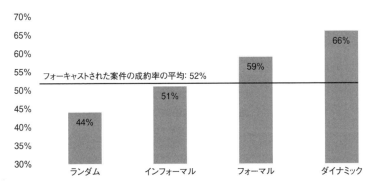

図7.1 営業コーチング・アプローチが
フォーキャストされた案件の成約率に与えるインパクト

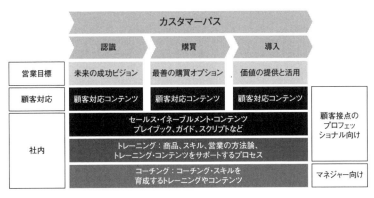

図7.2 セールス・イネーブルメント・サービスの
フレームワーク　パート3

　セールスマネジャーが対象となるターゲットの核であることは明白である。しかし、彼らだけに焦点を向けるべきではない。次のことを考えてみてほしい。

セールス本人 多くのツール、特にデータを統合することでインサイトを与えてくれる比較的新しいAIツールは、セルフ・サービス式で設計されている。たとえば診断ツールは、理想的な顧客の基準を分析して定義することで、案件を評価したり、効果的なアプローチや使うべき価値メッセージを推奨したりできる。であれば、セールスは自分自身の状況を分析したり、自らをコーチングしたりするのにもそうしたツールを（理想的には、マネジャーとのやり取りの補完として）利用できるよう支援されなければならないだろう。

営業部門の責任者とセールスディレクター セールスマネジャーをマネジメントする人々は、提供されている営業の方法論やスキル、ツールなどを、マネジャーがより効果的に活用できるようにしなければならない。いわばコーチをコーチングするセールス・イネーブルメント・サービスは、ほとんどの組織やセールス・イネーブルメントを担う人々にとって、未来の成長領域である。

上司ではないコーチ 一部の組織では、コーチングの専門家が、マネジャーが直接行うコーチングを代行するか補完している。他の組織では、セールスチームの外部に重要なリーダーがいる場合もある。そうしたリーダーは、セールスを効果的にコーチする適切な立場にいるとも言える。また、同僚間のピア・コーチングやメンタリング・プログラムが実施されるケースもある。こうした直接権限のないコーチの一人ひとりにも、コーチングの役割を果たすために必要なサービスを提供すべきである。

本章ではここまでに、セールス・イネーブルメントがなぜ、誰のためにコーチング・サービスを提供するのか、エビデンスに基づい

て示した。それを受けてここからは、セールス・イネーブルメントの取り組みにおいて実施されるべきコーチングのタイプについて論じよう。

■ コーチングは一つではない

ほとんどの人はコーチングを、特定の商談をまとめるために何をすべきかを検討するマネジャーと各セールスとの対話だと考えている。これは案件コーチングであり、確かに重要である。しかし、それは5種類のコーチングのうちの一つに過ぎず、マネジャーは5種類のコーチングをセールス1人ひとりと定期的に実施できるよう、十分に支援されているべきある。案件コーチングに加えて、有能なコーチは、リード、ファネル/パイプライン、スキル/行動、アカウント、テリトリーにも重点を置いている。

五つのタイプのコーチング（**図7.3**を参照）の違いを強調し、現在の取り組みのどこにギャップがあり、どこに強みがあるのかを考え

図7.3　営業コーチングのフレームワーク

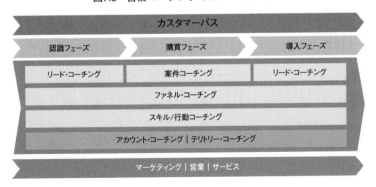

© 2018 MILLER HEIMAN GROUP. ALL RIGHTS RESERVED.

る助けになるように詳細を掘り下げていこう。とはいえ、大きな構図を見失ってはいけない。コーチがセールスとどの分野について話し合うにせよ、常に顧客を対話の中心に置いておかなくてはならない。たとえば、案件について話し合うとき、コーチとセールスは、顧客を認識フェーズから購買フェーズに進ませる営業テクニックを論じるわけではない。むしろ、顧客が購買フェーズに進みたくなるような意義や差別化を、どのようにすればセールスが顧客に与えられるかを論じるべきなのである。

リード/案件コーチング

カスタマーパスについて論じた第3章では、営業プロセスと購買プロセスを連動させるためにきめ細やかな営業の方法論を採用し、顧客や見込み客にない視点やインサイトを提供することが必要だと書いた。視点やインサイトの提供は、セールスが顧客に付加価値を与える方法なのであるから、SRPマトリクスの垂直軸を上昇させようとする組織にとって非常に重要なものである。さらに、営業プロセスと購買プロセスを連動させることで、視点やインサイトを適切なタイミングで提供できるようになる。

ビジネス上の大きな成果というゴールに向けたコーチングは、リード・機会の初期段階で開始することで最も大きなインパクトを持つ。商談がまとまる直前までマネジャーによるコーチングがなければ、単に値引きするかどうかなどに議論の幅が狭まってしまうだろう。これでは、先に示した我々のコーチングの定義に当てはまらないし、関係性の成長を促すものにもなり得ない。

- 初期段階でコーチは、セールスが質の高い案件に転換する可能性が

高いリードを見極められるよう、いくつかの質問を投げかける必要がある。

● いったん案件が見極められると、議論は、顧客との信頼関係を深めていくための戦略や、顧客との関係性をどのように活用し、どのようにメッセージを仕立てるかといった手法に向けられる。

> コーチングは、リード・機会の初期段階で開始することで最も大きなインパクトを持つ。商談がまとまる直前までマネジャーによるコーチングがなければ、単に値引きするかどうかなどに議論の幅が狭まってしまうだろう

購買フェーズでは、コーチとセールスは、顧客がそのパスのどこに位置し、どうすればセールスがその顧客を前に進むよう後押しできるかを話し合う。注意すべきことは、セールスチームが抱えている案件すべてに対して案件コーチングを実施するのは現実的ではないということだ。コーチは、ファネルの中で行き詰まっている案件や、あるいは逃すわけにはいかない案件、さらには戦略的な案件や、ポテンシャルの高い案件に努力を集中するべきである。

● 導入フェーズでは、セールスが既存のアカウントに価値を付加するさらなる方法を探すことになる。そのため、リード・コーチングに再び焦点が向けられることになる。

セールス・イネーブルメントは、コーチが機会のマネジメントの方法論やテクノロジーに基づくデータ分析、プランニング・ツールをマスターできるように、きめ細やかなコーチングのガイドラインを提供することによって、こうしたさまざまな種類のコーチングにおける対話をサポートすることができる。

リード/案件コーチングでフォーカスすべきポイント

- **顧客のビジネス上の課題や目標**　何が実際に課題となっていて、その課題がビジネスにどのようなインパクトを持っているのか？　顧客側はどのような結果を達成したいと考えていて、それについて顧客とセールスチームの関係者の間にどのような違いがあるか？

- **顧客の背景**　顧客やその購買プロセスについては何がわかっているか？その案件は理想的な顧客プロファイルとどの程度一致しているか？　顧客の財務状況や戦略的イニシアチブは何か？

- **その案件における方針**　提供されるソリューションはどのようなものであり、それはなぜ顧客に役立つと言えるのか？　そのソリューションは、どういった点に価値や意義があり、他と差異化されているのか？　商談成立の想定日は？　成約に至る確率はどのくらいか？

- **取引影響者**　購買に影響力を持つのは誰で、彼らはどのような役割を果たしているか？　彼らはどれくらい熱心に動いているか？　彼らの個人的成功や組織的成功は何か？　これらについて結論を出すうえでどのようなエビデンスがあるのか？　パースペクティブを提供するには誰にどう関わればよいか？

- **状況分析**　現時点のプロセスにおいて、顧客に対してどのような強みを持っているか？　障害となるのはどのようなものか？　どのようなことが想定できるか？　不明瞭なことやリスクになり得るのはどのようなことか？

- **行動計画**　強みを発揮し、リスクを軽減するために取り得る最良の行動は何か？　その行動は、顧客が情報に基づいて意思決定できるよう後押しするためにどう役立つのか？　そのためにリソースを追加するメリットはあるか？　社内的な調整は取れているか？　撤退すべきであるならば、それはいつか？

ファネル / パイプライン・コーチング

このコーチング領域では、セールスのファネルあるいはパイプラインの構造に焦点を当てる。ここで、セールスマネジャーはセールスと一緒に作業をしながら、成約できそうな商談のうちどれに最も価値があるのかを見極め、それにしたがってリスクを管理したり、十分なリソースを割り当てられるようにサポートしたりする。

ファネル・コーチングではまた、ファネルの形状が売上目標達成へとどのようにつながっていくのか、そのファネルのパフォーマンスを最大化するためにはどうすればいいかをセールス自身が理解できるようにサポートする。

セールス・イネーブルメントは、ファネルマネジメントの背後にある論理を科学的によりよく理解できるようトレーニングとガイドラインを提供し、コーチをサポートすることができる。そのようなトレーニングやガイドラインは、セールスマネジャーのビジネス感覚を育み、それぞれの案件を検討してセールスがどこに重点的に時間を割くべきかを決める際に、リスクとリターンとのトレードオフをより適切に評価できるようにする。

このコーチング領域では、セールス・オペレーションとセールス・イネーブルメントの緊密な連携が不可欠である。通常はセールス・オペレーションがファネルとフォーキャストのプロセスを定義する。したがって、セールスマネジャーは、セールスチームがそのプロセスにどのように沿えばよいのかを理解し、そのための適切な行動を補強するコーチング・スキルを伸ばす必要がある。さらに、セールス・オペレーションは、たいていCRMシステムあるいは統合アプリケーションを介して、より大きなデータにアクセスすることができる。

セールス・イネーブルメントは、コーチたちもそのデータにアクセスして使えるようサポートする。コーチはそれにより、各セールスが適切な活動をしてターゲットに到達しているかどうかを理解できるようになるし、セールスがどこで困難に直面しているかを示す主要なパフォーマンスの先行指標を見つけることができる。

ファネル・コーチングでフォーカスすべきポイント

▶ **価値とランクづけ**　案件は適切な段階で適切に見極められているか？ 購買に向けたカスタマーパスに即してランクづけが調整されているか？ セールス側の計画や行動、顧客の関心、段階の見極めはどのように調整されているか？　ランクづけに基づくフォーキャストはどれくらい正確か？

▶ **速度**　進展した案件はどれか？　なぜそうなったのか、あるいはなぜそうならないのか？　案件の進展を滞らせている要因は何か？　スムーズに進展させるには何をすべきか？　口約束を正式な商談へ確実にまとめ上げるにはどうすればいいか？　パフォーマンス良好なセールスのベンチマークと比べて進度はどうか？

▶ **量**　売上目標や他の目的（プロダクトミックス）を果たすために十分な案件やリードはあるか？　どの活動/情報源がパイプラインを埋めるのに最も効果的か？　何がパイプラインからこぼれ落ちているのか？　それはなぜなのか？　そのうえで適切な行動は何か？

▶ **形状**　全体的に見てファネルはなぜそのような形状になっているのか？ 最大のリスクは何か？　ファネルの何が変化したのか？　よりバランスの取れたファネルにするには何をすべきか？

▶ **期間**　よくある落とし穴は、次の四半期または今年度でパイプラインを見てしまうことである。平均的な取引サイクル次第で（それが長くな

るほど、より当てはまるのだが)、たとえば、6ヶ月、9ヶ月、12ヶ月、18ヶ月のように、異なる対象期間を統合した方がよい。

▶ **行動計画**　セールスはどこに時間を掛けるつもりか？　どの案件、リード、行動を優先するか？　それらの質を見分ける基準は取り組みに焦点を与えるうえでどの程度役立つか？

スキル / 行動コーチング

　前述の案件コーチングにおける行動の多くは、セールスが顧客と交わす会話に関わっている。こうした会話が効果を発揮するかどうかは、セールスのスキルと行動次第である。たとえば、顧客が気づいていなかったニーズを浮上させる質問テクニックがあれば、顧客の思考が深まるようパースペクティブを提示し、浮上させた顧客の懸念を解消することもできる。「パースペクティブセリング」とは、重要な顧客と関係性をつくり、育て、維持する方法である。会話のスキルは、一つひとつのやり取りによって、その関係性がどのように生じるのかに関わっている。

　セールス・イネーブルメントはそうした営業スキルが前線にまで行きわたるようにサポートすべく、コーチを育成してスキルを十分に習得させ、テクノロジーに基づいた顧客訪問などのプランニングツールだけでなく、重要な面談での会話のロールプレイのサポートツールやトレーニングを提供する。

スキル/行動コーチングでフォーカスすべきポイント

　理想的には、スキル / 行動コーチングは、ロールプレイやセールスと顧客、見込み客とのやり取りを観察した後で、あるいはそのやり取りに関す

るテクノロジーに基づく分析を受け取った後でなされるべきである。コーチング・セッションでターゲットとすべき重要なスキルには以下のようなものがある。

- ▶ **カスタマーパスとの連動**　その会話はカスタマーパスにどの程度連動しているか？　今、顧客がそのパスのどの地点にいるかわかっていない場合、それを見極めるには、どんなステップを取るべきか？　カスタマーパスのどの段階かがわかっている場合、顧客とのやり取りにはどの程度の意義や価値があり差異化できているか？　それはカスタマーパスに連動したものであったか、そうでなかったか？

- ▶ **価値の提示**　その会話から顧客はどのようなメリットを得たか？　成功のあり方に関する新たなパースペクティブや、ソリューションの可能性に関する新たなビジョンは提示されたか？　インサイトを深めることができたか？　成功のビジョンをしっかり共有できていたか？

- ▶ **ニーズの発見**　セールスと顧客のどちらがよく話したか？　使用されたのは限定質問か、拡大質問か？　質問は顧客がニーズを認識するのに役立つように使われたか？　インパクトのある言葉は選ばれたか？　適切なタイミングで沈黙できていたか？

- ▶ **重要なメッセージの伝達**　セールスはどのようにして重要な価値メッセージを伝えたか、そしてそれは顧客にとって妥当なものであったか？　それをどうやって知ることができるのか？

- ▶ **セールス・コール（営業訪問・電話）のスキル**　互いに納得した形で話を始め、終わらせるために、どのような発言をしたか？　面談を終えると、顧客は購買に前向きになっていたか？　懸念が生じた場合、それはどの程度上手く解消されたか？　アクティブリスニングはどのように実施されたか？　ビジュアル資料をインパクトのある形で活用できたか？　ボディランゲージや非言語的なやり取りはどうだったか？

アカウント・コーチング

アカウント・コーチングの詳細を説明する前に、次のことを明確にしておこう。アカウント・コーチングは、あるアカウントにおける案件をコーチングすることではない。アカウント・コーチングは、セールスが特定のアカウントや戦略的アカウントに対して行う営業活動のモデルそのものに焦点を当てている。そこでは、セールスは多様な取引影響者やフィールド・オブ・プレイ（管理可能なセグメント）を管理しなければならない。

アカウント・コーチングでの対話が焦点を当てるのは、アカウントの幅広い性質や顧客のビジネス戦略上の背景（彼らの顧客や市場を含む）、営業組織がそのビジネスにインパクトを与える可能性及び、パースペクティブやインサイトを提供することで始まり育まれるべき無数の関係性である。この種のアカウントについては通常、すべての組織がSRPマトリクスにおける信頼できるパートナーのステータス（あるいはあなたの業界でそれに匹敵するもの）となることを目指すはずだ。

セールス・イネーブルメントはアカウント・コーチングでの対話をサポートするために、アカウント・マネジメントに関する方法論、コーチング診断用の質問の作成、アカウント・プラン分析用のガイドラインの作成、アカウント情報を明らかにするテクノロジーの特定、顧客との関係性マッピングのためのツールの提供を行う。

アカウント・コーチングでフォーカスすべきポイント

▶ **調査と分析**　社内データと外部データを総合してアカウントをひとまとまりの姿としてどの程度上手く描き出せているか？　どうやってアカウ

ントを管理可能なセグメントやフィールドへ落とし込んだか？

▶ **フォーカス・セグメント**　優先度の高いセグメントやビジネス・ユニットが直面しているトレンドはどのようなものか？　どのような案件が追求されていて、セールスはそれらに例外的な価値を提供できるような、どのような強みを持っているか？　逆に最も重大な弱点は何か？

▶ **関係性マッピング**　戦略的プレイヤーは誰か？　彼らの権威と影響力はどのようなものか？（それはスポンサーかもしれないし、コーチやその他の人かもしれない）。社内リソースを上手く対応させることで、彼らとどの程度の関係性を築けているか？　その関係性の質はどうか？　できるだけ早く埋めるべき関係性におけるギャップは何か？　これらのプレイヤーはこちらの組織をどのように認識しているか？　このアカウント内にある特定の案件に関して、互いの認識はどれほど異なっているか？

▶ **前進**　焦点を絞って行った投資のうち、どれが有意義だったか？　それはなぜか？　すでに行っている投資のうち、互いにとって価値がないため、打ち切るべきものはどれか？　取るべきアクションにはどのようなものがあるか？　ローンチすべきマーケティング・プログラムや営業プログラムはあるか？　パイプラインに特につけ加えるべき案件はどのようなものか？

▶ テリトリー・コーチング

　テリトリー・コーチングでは、何に着目すべきかをセールスが見失わないよう、（通常セールス・オペレーションによって提供される）市場やテリトリーの分析・データ・定義を活用する。焦点がずれていても、セールスは一定の働きはできるかもしれないが、それでは決して目標に近づくことはない。アカウント・コーチングと同様に、テリトリー・コーチングは、そのテリトリーにおける案件を

第7章 コーチング・サービス

コーチングするわけではない。大切なのは、このテリトリー（適切な
アカウント、適切な業界、適切な役割の買い手）にいかにアプロー
チするかをより戦略的に見ていくことである。

　セールス・イネーブルメントはテリトリー・マネジメント・ツー
ルを導入し、セールス・オペレーションと協力してマネジャーのた
めにダッシュボードを作成することによって、このコーチングをサ
ポートする。

テリトリー・コーチングでフォーカスすべきポイント

▶ **ターゲット・セグメントの分析**　テリトリー内の業界、業種、顧客の
どのセグメントをターゲットにしているか？　それはなぜか？　フォーカ
スを当てる分野を検証したり、絞り込んだり、拡大する際、どのような
データが使用されているか？

▶ **注目すべき買い手の役割**　ターゲットとなる業界セグメントや顧客セグ
メントにおける特定の製品やサービスに対して、買い手側の最重要担当
者は誰か？　その担当者とのエンゲージメント（ソーシャルな）戦略は
どのようなものか？　担当者に特に魅力的に響く価値あるメッセージは
どのようなものか？

▶ **行動計画**　重要とみなされたセグメント内でプレゼンスを高めるために
何が行われているか？　どのネットワークが活用されているか？　進捗
状況をどう評価するか？

167

どのようにコーチするかは
何をコーチするかと同じくらい重要

　こうしたさまざまな対話をマネジャーがファシリテートできるようにするため、コーチング支援サービスは、プロセス、スキル、ツールを網羅する必要がある。

コーチング・プロセス　コーチは、プロセスがどのように進むのかについての見込みや、議論のトピック、使用するツールを設定することから始めるべきである。その後はコーチング・セッションを定期的にフォーマルなスケジュールの中で行う。理想を言えば、もちろんコーチングはあらゆる機会になされるべきかもしれない。しかしだからと言って、対面であれヴァーチャルな環境であれフォーマルなコーチング・セッションがなくていいというわけではない。特に、組織が営業コーチングを導入し始めたばかりの時期には、フォーマルなコーチング・セッションをきちんとスケジュールに組み込むことが重要である。導入が上手く進むほど、セールスマネジャーがコーチングの機会を捉えやすくなる。特に顧客との面談の際のコーチングに注意を払ってほしい。訪問時のコーチングは、コーチとセールスがどちらも営業に携わる同行訪問とは区別されるべきだ。

コーチング・スキル　パースペクティブとインサイトを提供することに焦点を当てて多くの質問をしたり、あるいはセールスが次のステップで結論を出せるようにしたり、診断に同意できるようにするために対話するという点で、コーチングの対話は顧客との面談の会話とよく似ている。コーチングでは、称賛・建設的フィードバック・

育成に着目したコミュニケーションするスキルに焦点を当てるべきである。セールスマネジャーは、人事によって提供される（または要請される）一般的なリーダーシップ・コースを受講しているかもしれない。しかし、彼らにとって重要なのは、営業の文脈においてそうしたスキルやプロセスがどのように活用されるかを理解することだ。

コーチング・ツール　最も単純なコーチング・ツールはちょっとしたガイドラインであり、たとえば、カスタマーパスのフェーズごとに異なる営業シナリオに対応した質問のサンプル集である。より洗練されたコーチング・ツールであれば、CRMシステムと統合されており、面談の記録やその他顧客とのやり取りから、関連するデータや分析を提供し、インサイトをもたらしてくれる。

■ よくある落とし穴の回避

　コーチング・サービスを上手く展開させることは容易ではない。コーチングの成熟度をダイナミック・レベルまで高めた組織は、だからこそそれほど多くないのだろう。コーチング・サービスを難しくさせているいくつかのハードルを示してみよう。

行動のコーチングと活動の管理を混同する

　　コーチングをしていく中で失われがちなニュアンスの一つは、活動と行動の違いである。活動とは、セールスが行うことであり、たいてい数えることができる。たとえば、興味を持った見込み客が案件化されるまでに平均3回のやり取りが必要であることがわかっている場合、セールスが一度であきらめないよう励ますことは役に

立つだろう。しかし、それはコーチングではなくてあくまでも活動の管理である。

営業コーチングでは、セールスが営業活動中に何を話したり、何を行っているかに焦点を当てる。セールスは、意義や価値のあるパースペクティブを提供するために、見込み客や顧客とやり取りする機会を上手く活用できているだろうか？

コーチングをマネジャーからセールスに 向けたものだけと見る

定義上、ほとんどのセールスマネジャーは、コーチするとはどういう意味か、自分のキャリアにおける（よい/悪い）コーチから学んだ経験があり、その中で身に染みついた考えを持って現在の役割についている。ある程度の期間、セールスマネジャーの立場にいれば、その考えは一層強化されるだろう。おそらくほとんどのトレーニングは、古い行動を新しい行動へと置き換えるために必要とされる。ここでのトレーニングはセールスマネジャーを管理する、より上級職者のコーチングによって補強・補足される必要がある。つまり、マネジャーのマネジャーは、よいコーチングとはどのようなものかモデルとなる必要がある。また、多くの組織では仲間同士のコーチングを効果的とみなしている。これは、見習うべきほかのセールスマネジャーがいる場合、特にその人が平均より優れている場合に有益である。

コーチはもともとその領域に関する専門家ではない

セールスマネジャーは、営業、業界、ビジネス感覚などさまざまな分野で専門性を求められるうえ、当然、セールス・イネーブルメントの取り組みによって各セールスが身につけるべき専門性もす

べて理解しておく必要がある。どの分野でコーチングを行うにして
も、自分が何をコーチングしているのかわかっていなければならな
い。特に、営業の方法論、プロセス、価値あるメッセージの提供
といった特定のスキルにセールスマネジャーは精通していなければ
ならない。つまり、セールスマネジャーは非常に多くのことを任さ
れているのだ。そのため彼らは、たとえば短縮バージョンの営業の
方法論に関するトレーニングを何度も受けている。このことは翻っ
て、コーチング・サービスを提供するセールス・イネーブルメント
の担い手を悩ませることになる。

　コーチングをする人はコーチングして強化する領域の方法論の
専門家でなければならない。彼らは営業チームに提供されるサー
ビスをすべて受けておく必要があるうえ、そのサービスをコーチン
グするための追加のサービスも受けなければならない（たとえば、
営業プロセスの各ステップでセールスをコーチする方法を教えるた
めのマネジャー向けコーチング・サービスのコースなど）。

「管理」に時間をかけすぎ、コーチングをおろそかにする

　よく言われるように、時間不足の問題は重大であるにも関わら
ず、誰もが目をそらしたがる。セールスマネジャーに対してときに
はあまりにも多くを要求している（フォーキャストの提出、各種レ
ポートの作成、ミーティングへの参加など）。彼らがそれらに圧倒
されているとしても当然である。結果として、コーチングは後回し
にされる。CSOインサイト2017年セールス・イネーブルメント最適
化調査によれば、セールスマネジャーが平均6〜10人の直属の部下
を持ち、コーチングに費やしている時間はセールス1人あたり週30
分以下である。

我々が関わってきた何千もの企業と我々自身の経験に基づいて、ここでは典型的な例をあげて説明しよう。

　もしあるセールスマネジャーが8人の直属の部下を持ち、それぞれに対して週1時間の案件やスキルのコーチングを行い、月30分のファネル・コーチング、さらに月1時間のアカウント・コーチングやテリトリー・コーチングを実施しているとすれば、コーチングにかける時間は週8〜11時間となり、それらの合計はそのマネジャーが持つ時間のおよそ4分の1にもなる。

　答えはある意味では簡単なことで、単にコーチングを優先させればよい。コーチングに投資し、その分野にリソースを与える権限を持つ責任者を置くべきである。しかしそうは言っても、時間は足りないままである。よい知らせは、現在では新しいAI（人工知能）ツールが（セールスが現場で使う一語一語に至るまで）データを収集し、コーチングが必要かどうかを診断し、よりよい結果をもたらすために必要な行動を勧告してくれるうえ、そのすべてをコーチやセールスが直感的にわかるようダッシュボードやレポートの形で提供してくれるということである。

　たとえば、ミラーハイマングループは、「ストラテジック・セリング®」という営業の方法論に合わせてリアルタイム・コーチングを提供するためのソフトウェアを構築してきた。

　このようなツールでは、分析を通じてどのような案件が最優先であり、どの行動が案件を進めさせ、パイプラインの健全性と重要な取引に基づいてチームのどのメンバーがコーチングの優先対象になるべきかを特定する。つまり、コーチは情報収集に費やしていた時間を、より効果的なコーチングによる話し合いやセールスの育成に投資できるということである。

AIが支援する面談のリアルタイム分析

　AIは今や、セールスがより多くの面談ができるようにするだけでなく、それをより効果的に行うためにも役立つ。その一例が、サンフランシスコに拠点を置くChorus.ai社が提供するソリューションである。そのプラットフォーム（Chorus）は、リアルタイムで営業面談を自動的に記録・分析する。このプラットフォームを活用している企業の一つにAdRoll社がある。AdRoll社は、2年連続最速で成長を遂げている広告企業としてInc.誌で注目を浴びている。

　同社の運営担当副社長であるサム・トラクテンバーグ氏にAIを自社に導入した経験について尋ねたところ、2017年1月にシステムを全面的に導入して以降、営業会議ごとにキーワード検索可能な音声ファイルとテキストファイルが作成されるので、セールスやセールスマネジャーは簡単に重要な議題を確認できるようになったと述べている。

　サム氏は言う。「中でも本当にメリットが大きいのは、Chorusによって最高の面談を特定できることです。それを使って、いわば自社独自のベストアルバムのプレイリストが作成できます。顧客との面談で我が社のセールスが実に上手くやった事例のトップ20をフィーチャーすることもできるので、彼らの中にレジェンド的な存在が生まれたりもしています。これは、新人のセールスが真に凄腕のセールス・プロフェッショナルとはどのようなものかを思い知るうえで、特に役立っています」

　使用状況に基づいて、Chorusは、セールス1人あたりの訪問数と1面談あたり何分かかっているかといった、アクティブなKPI（重要パフォーマンス指標）をAdRoll社に提供している。しかしそれだけではない。サム氏は次のことも教えてくれた。「そのシステムによって、セールスが顧客に何らかの付加価値を提供する言葉ではなくて、単に話をつなぐだけ

の言葉をどれくらい頻繁に使用しているかを評価できるようになります。つまり、価値提案がなされなかった面談の数も教えてくれるのです」

これらの指標に基づいて、AdRoll社は、面談のパフォーマンスを成約率、平均取引サイズなどといった営業パフォーマンスと簡単に結びつけることができるようになった。

AIベースのセールス・イネーブルメントへ移行したことで最大の驚きは何だったかと尋ねると、サム氏はこう述べた。

「セールスが常に監視されているとか、顧客が面談の録音に尻込みするとか、ある程度の抵抗があると予想していましたが、そんなことはありませんでした。また、セールスマネジャーの側がかなり乗り気だったことにも驚きました。彼らはセールスが何をしているか把握できることに非常に興味を持ち、ヘッドセットをつけて、営業面談の重要な部分を聞いて、いろいろなことに気づいています」

■ コーチング成熟度を進化させる

コーチング・サービスを組織化するアプローチは、コンテンツやトレーニングの章で概説したのとほぼ同様である。しかし、コーチング・サービスはまだ存在しない可能性があるため、ほかのサービスよりも多くの努力が必要となりがちである。重要な四つのステップは次のようなものである。

1. **現状の棚卸し** 本章の冒頭で説明したように、まずは組織における営業コーチングの成熟度の把握にすぐ取り掛かるべきである。

● **ランダム** コーチング（それを行うどうか、いつどう行うのか）

174

はセールスマネジャー次第になっている
- **インフォーマル** コーチングの方法について若干のガイダンスはあるが、それ以上補強されることはないし、責任も存在しない
- **フォーマル** コーチングを行うためのトレーニングや責任の所在も明らかで、整備されたプロセスが規定されている
- **ダイナミック** フォーマルなアプローチをセールス・イネーブルメント・フレームワークと整合させることによって拡張している

図7.4に見られるように、2016年から2017年にかけてポジティブな動きがあった。しかし、まだほとんどの組織で、営業コーチングをマスターするまでには長い道のりがある。どのサービスを優先すべきかよく考えて出発点を定めてほしい。

図7.4 組織のコーチングへのアプローチ

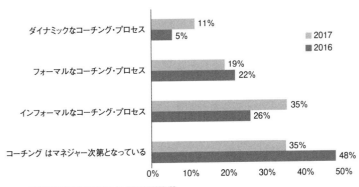

© 2018 MILLER HEIMAN GROUP. ALL RIGHTS RESERVED.

次に、コンテンツやトレーニングのサポートに関わるものも含めて、すべてのコーチング・サービスの棚卸しをして自社が現在提

供可能なサービスのリストを作成すべきである。過去にコーチング
に目が向けられていなければ、おそらく大したサービスはないだろ
うが、非公式のサービスを探してみると何かがあるかもしれない。

たとえば、（以前の上司から学んだり、独自にスキルを開発した
りして）コーチングが得意なセールスマネジャーが、コーチングの
会話で使用するツールを作成していることはよくある。こうした経
験豊富なコーチたちを、同僚間でのコーチングのための資産として
リストアップすることも考えられるだろう。

また、既存のリーダーシップ・コースの一部で、一般的なコー
チングのトレーニングが提供されていることもある。これらの既存
サービスは、コーチング・サービスの基盤を構築するために活用
できる。

サービスの棚卸しをするときは、セールスマネジャーが処理し
なければならないデータや分析、さらには彼らにきちんと情報を届
けるべく現状働いているメカニズムも忘れずに取り込んでおこう。
データの量が多すぎて、それを見つけるのに時間がかかりすぎて
使えていなかったり、コーチがどう使っていいかわからなかったり
することもよくある。

2. **フィードバックとデータの収集**　やはりここでも、コーチング・
サービスの対象者にとって何に価値があり何が必要なのかを探り
当てるために、関係者と話をしてフィードバックを集めるべきであ
る。特にセールスに関して言えば、よいコーチに巡り合ったことが
ないので、それがどういうことかわからない、考えたこともないと
いう場合もある。彼らが自分の課題をどのように見てどう表現する
かは、コーチング・サービスに何が必要なのかを知るうえで重要
である。また、そういうことを聞かれると彼らは喜ぶものだ。

セールスに、マネジャーから受けているコーチングについてどう思っているか聞いてみるのもよいだろう。「コーチ」の意味をどう考えるかに応じて、多種多様な回答が得られるはずである。効果的に聞くには、「あなたの潜在能力を最大限に引き出すために、マネジャーはどんなことをしてくれますか?」「どうすればマネジャーはもっと上手くコーチングできると思いますか?」といった質問をしてみるとよいだろう。

また、退職者インタビューで、離職したセールスと話し合う中で引き出されたデータもあるかもしれない。

データに関しては、コーチング・サービスは営業プロセスに合わせなければならないが、その営業プロセスの定義を担当していることが多いセールス・オペレーションを調査に含めることを忘れてはいけない。規定された営業の方法論が十分順守されているかについてのフィードバックも提供することができる。

こうしたフィードバックは、さらに重点的に育成すべきコーチングの領域がどこなのかを示してくれるだろう。たとえば、見込みがいつもひどく外れるなら、セールスが最もまとまりそうな案件を見極められるようになるためにはどのようにコーチすればよいかについて、セールスマネジャーはガイダンスを必要としているかもしれない。この例は、コーチングが内的な営業プロセスをカスタマーパスに結びつけることをよく示している。

データには、どのセールスマネジャーが着実に目標達成を果たしているかを分析することも含まれるだろう。そうしたマネジャーは「生まれつきのコーチ」と考えられがちだが、彼らがセールスとやり取りするアプローチやツールを理解すれば、何が効果的かを示すことができる。

3. **資産評価** 次に、集めたデータが示すギャップや憲章に記された目標に基づいて、資産リストを検討し、役に立つものとそうでないものを決めていこう。たとえば、セールスマネジャーが効果的にコーチするのに必要なデータは存在しているのに、そのデータが使用されていない場合、彼らにデータとパフォーマンスの関係を教えるために必要なサービスはあるだろうか？ あるいは、データに簡単にアクセスできない場合、職務に合わせたダッシュボードのような新しい情報提供のためのメカニズムは役に立つだろうか？

4. **ギャップの優先順位づけ** セールス・イネーブルメントの取り組みが比較的新しい場合、おそらくたくさんのギャップがあるだろう。コンテンツやトレーニングの場合と同様に、カスタマーパスごとにギャップがあるかもしれない。たとえば、認識フェーズには、ある案件についてセールスマネジャーがコーチできるようにするためのガイドラインはたくさんあっても、導入フェーズでは、提供した価値についてコミュニケーションする能力をセールスマネジャーが育むのに役立つガイドラインが存在しないということがある。

　また、この章の冒頭で触れた五つのコーチング分野のいくつかにギャップがあるかもしれない。先に述べたように、セールスマネジャーは案件コーチングに最も時間を費やす傾向がある。ファネル、アカウント、テリトリーのコーチングに関して彼らのスキルを育成するには、追加のサービスが必要かもしれない。

　もちろん、ギャップを評価するときは、収集したフィードバックも考慮する必要がある。すべてのコーチング・サービスが、コーチングの領域やカスタマーパスに美しく対応しているとは限らない。セールスマネジャーが何を必要としているかに耳を傾けることが、成功のカギを握っている。

図7.5 セールスマネジャーのトライアングル

© 2018 MILLER HEIMAN GROUP. ALL RIGHTS RESERVED.

■ コーチングは始まりにすぎない

　コーチングはセールスマネジャーに対する広範な支援のほんの一部にすぎないと指摘しておかなければいけないだろう。セールスマネジャーはセールス・イネーブルメントの対象でもあるが、単なるコーチング・トレーニングの受け手でもない。

　セールスマネジャーという仕事は、営業において最も難しく複雑な仕事である。セールスのマネジメントとはつまり、顧客、ビジネス、人材という三つの分野において同時にそれらをマネジメントできるようになることだと考えてほしい（**図7.5**参照）。

顧客　営業プロセスで顧客と直接関わり、顧客とともに市場開拓戦略を実行できるようにすること。

人材　採用、新人研修、個々のセールスと営業チーム全体が潜在能力を最大限に発揮し、生産性を高められるようにすること。

ビジネス　フォーキャスト、報告、分析などを通じて、ビジネスと前線にいるセールスとの橋渡し役として機能すること。

　これはとても難しいことではあるものの、たいていのセールスマネジャーは、トレーニングやツールのサポートがほとんどない中、上手くいったりいかなかったりする仕事を通じて、セールスマネジメントを学んできている。このことは、CSO インサイト2017年セールス・イネーブルメント最適化調査によって検証されており、14%の組織はセールスマネジャーのトレーニングに全く投資をしておらず、42%は1人あたり1500ドル以下しか投資していなかった。

　とはいえ、そうした投資を行った組織は、売上目標達成率、成約率、組織の売上目標達成率のすべてにおいて、投資しなかった組織を上回っていた。この結果を見てもわかる通り、前線の営業活動がより成功に近づくようサポートするために、今すぐコーチング・サービスを始めるべきだ。

　コーチングはセールスマネジャーにとって最もインパクトのあるスキルだが、考慮すべき唯一のスキルではない。**図7.5**のトライアングルでは、コーチングは人材の領域に位置づけられる。もっとも、コーチングは新しいスキルなのだから、導入時の苦労を過小評価すべきではない。セールス・イネーブルメントは、セールスマネジャーへの支援がトライアングルすべての領域をカバーできるような、本

格的な戦略を構築できるまでに成長するべきである。

それは、たとえば、領域の専門性、ビジネス感覚、データ分析、チームマネジメント、フォーキャスト/ビジネスプロセス、採用など、顧客やビジネス分野における彼らの知識と専門性を十分に育む必要があるということを意味する。

■ 次に向けて

これまで、コンテンツ・サービス、トレーニング・サービス、コーチング・サービスがセールスチーム全体を支援するうえでどのように機能するかを示してきた。これらのサービスは、さまざまなリソースや部門を通じて作成・展開されるだろう。したがって、それらが相互に調整・統合されているかを確認することが重要である。

セールス・イネーブルメント・サービスに関する最後の章では、セールス・イネーブルメントにおける価値メッセージが、顧客接点用のコンテンツ、社内用のコンテンツ、トレーニング・サービス、コーチング・サービスが一貫性を持ち効果的であることを保証する、コネクターとしての役割を果たすことについて論じよう。

検討課題

● あなたの組織のコーチングの成熟度はどのレベルにありますか?

● コーチは五つのタイプのコーチングでどの程度効果を上げていますか? それぞれのコーチングに対して、マネジャーの助けとなるトレーニングやコンテンツにはどのようなものがありますか?

● セールスマネジャーはコーチングにどれくらいの時間をかけていますか?

● どのレベルのリソースがセールスマネジャーの支援に費やされていますか?

すぐにやるべきこと

現行のコーチング・サービスを改善するためにすぐにやるべきことをいくつか書き出してみましょう。

第8章

価値メッセージを通じた
一貫性の構築

Creating Consistency Through Value Messaging

キーポイント

- 価値メッセージは、さまざまなセールス・イネーブルメント・サービスを結びつける「コネクター」であり、それによりセールスは一貫性を保つことができる。

- セールスは、価値メッセージをカスタマーパスに常に合わせる必要があるが、フェーズごとに価値メッセージのタイプは異なる。

- 理想的には、セールス・イネーブルメントは価値メッセージそのものを作成しないが、もし組織の現在の取り組みが不十分であるか、価値メッセージが十分に理解されていない場合、それらをオーケストレートするためにリーダーシップを取る必要がある。

価値メッセージは、さまざまな
セールス・イネーブルメント・サービスを
結びつける「コネクター」である

　カスタマーパスに連動させる作業は、自らの行動や立ち位置を調整すること自体を客観視する方法である。そして同時に、セールスが効果的に活動できるように一貫性を与え、セールス・イネーブルメントに対する投資を強化するためには、セールス・イネーブルメントが提供するサービス間の調整作業も検討する必要がある。それぞれのサービスが明確に作成され、互いに組み合わせられるよう設計されている場合、混乱が減り、セールス・イネーブルメントに対する信頼度は高まるだろう。

　次のような、よくありがちなシナリオを考えてみよう。プロダクト・マーケティングは、新商品の発売に向けてメッセージを作成してきた。このメッセージは、オンライン・コンテンツ、営業機会創出のためのデマンド・ジェネレーション・キャンペーンなど、すべての顧客向けのマテリアルに組み込まれる。プロダクト・マネジメントは発売に向けてプロダクト・トレーニングを組み立てるが、そのトレーニングや関連コンテンツはプロダクト志向の視点からつくられており、カスタマーパスやマーケティングが作成したメッセージとも整合性が取れていない。セールス・イネーブルメントが提供するプロダクト・ラインのためにプレイブックも存在してはいるが、この新商品が発売されれば、既存の多くのメッセージは古びてしまうだろう。

　このような一貫性の欠如がセールスにとって何を意味するのか想像してみよう。セールスからの不満には次のようなものがある。「プロダクト・トレーニングは、新商品の特徴や機能だけを扱っていた」

「マーケティングからのメッセージは営業現場に即しておらず、上手く機能しない」「新しいメッセージはプレイブックとも、それまで受けたトレーニングとも違う」

　セールスはどうするだろうか？　彼らは新たな情報はノイズとみなし、すべてを無視するだろう。新しい資産はどれも使わず、代わりに自分のノートパソコンの中にすでにあるもの（たとえば、古ぼけたプレイブックなど）にまた頼ることになる。セールス・イネーブルメントは、当然ながらこのような状況を望んでいない。

　価値メッセージは、社内のコンテンツや顧客向けのコンテンツを作成する人に必須のインプットとなる。また、価値メッセージはすべてのサービスに関わる中心的なテーマであり、セールスと買い手側の双方に一貫性のある意味をもたらす。さらに、買い手側にさまざまな役割を持つ人が存在するなら、それぞれに応じた価値メッセージでアプローチするのが適切だろう。効果的な価値メッセージは、カスタマーパスをデザイン・ポイントにするので、ダイナミックなアプローチになる。カスタマーパスのすべてのフェーズのために価値メッセージを作成し、顧客向けマテリアル、およびタイムリーにアップデートされた支援サービスのすべてを一貫して活用できれば、先のシナリオのような事態は解消されるだろう。

　サービス間の関係を示すためにセールス・イネーブルメント・サービスのフレームワークに矢印を付加したが、それよりも、フレームワークの中の顧客向けコンテンツとセールス・イネーブルメント・コンテンツの間に価値メッセージのレイヤー（価値の仮説・バリュープロポジション・価値確認）を追加したことこそが重要である（**図8.1**参照）。このレイヤーが完成し、価値メッセージが上の顧客接点で活用されるコンテンツや下のセールス・イネーブルメント・コンテンツに一貫して流れていくようになれば、整合性が上手く取れて

図8.1 セールス・イネーブルメントの
フレームワークにおける価値メッセージの役割

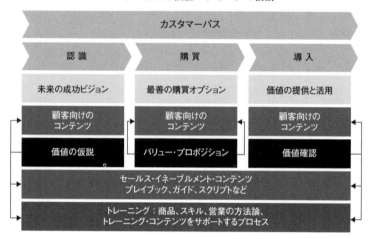

いるということになる。

このようなことは当然だと思うかもしれないが、CSOインサイト2017年セールス・イネーブルメント最適化調査は、このような成功例がどれほど珍しいかを示している。回答者の35%のみが、サービスが価値メッセージのレベルで整合性が取れていると回答している。

■ 価値メッセージとは何か？

セールス・イネーブルメントにおける価値メッセージの役割を論じる前に、まずはさまざまなタイプの価値メッセージについて見ておこう。一般的に、価値メッセージとは、顧客が課題を解消し、自らが望む目標や結果に到達するうえで、製品・サービス・ソリュー

ションがどのように役立つのかを描き出すものである。しかし、価値メッセージはカスタマーパスに合わせる必要があるため、どのようなタイプの価値メッセージが使われるかは各フェーズごとに異なる。一つですべてをまかなえる価値メッセージは存在しない。

認識フェーズでは、仮説としての価値を提示することによって、顧客に現在の課題を認識してもらい、顧客がよりよい未来のビジョンを持てるようにする。このビジョンが持てなければ、買い手には現状を変えて購買フェーズに入る理由がないため、その商談は行き詰まってしまう。

顧客が情報を自ら入手し、ソリューションについて先入観を抱いてテーブルに着くことが多くなっている中で、こうしたメッセージはセールスがパースペクティブを買い手に示すことができるようにし、買い手が自らの課題や機会について、あるいはそれにどう向き合うのがベストかについて、これまでとは異なる考え方ができるよう促すことができる。

最終的にセールスは、見込み客や顧客と将来の成功ビジョンを一緒に描き、リードを具体的な案件に変えなければならない。仮説として示す価値は、ケーススタディや成功事例などのコンテンツを作成するために使用される。それらのコンテンツは、他の顧客が同様の状況にどのように対処したかを（理想を言えば測定結果とともに）示

> 認識フェーズでは、仮説としての価値を提示することによって、顧客に現在の課題を認識してもらい、顧客がよりよい未来のビジョンを持てるようにする。このビジョンが持てなければ、買い手には現状を変えて購買フェーズに入る理由がないため、その商談は行き詰まってしまう

している。このタイプの価値メッセージを使用すれば、ビジネス上の課題、そのビジネスへの影響、ソリューションを通じて望ましい結果を達成する方法に焦点を当てるような提案の概要を役割に合わせて作成することもできる。

購買フェーズでは、具体的なバリュープロポジション（提供価値）によって買い手はベストな購買の選択ができる。そのようなバリュープロポジションは、提案したソリューションがもたらす価値やベネフィットに焦点を当て、それらが顧客の希望する成果や個人的な満足とどう

> 購買フェーズでは、具体的なバリュープロポジション（提供価値）によって買い手はベストな購買の選択ができる

結びついているかを明らかにするからである。このフェーズでは、セールスは自分が示すソリューションが、買い手側全員にとって将来の成功ビジョンを達成し、各自の望む結果を満たす最善の選択であると証明する必要がある。この段階の具体的なバリュープロポジションは、製品やサービスに関連していることが多いが、常に顧客のビジネス上の課題、買い手側のさまざまな観点や望む結果やそれぞれの個人的な満足を常に背景として踏まえておく必要がある。具体的なバリュープロポジションは、その顧客の文脈でのみ意味を持つのである。

導入フェーズでの価値を確認するメッセージは、既存顧客と長期的な関係性を育み成長させるための基盤である。プロジェクトは新たなソリューションやサービスの導入に際し、買い手側で新たな関係者に委任されることがよくある。したがって、セールスにとって新たに関わる人々との関係性の構築・発展が不可欠となる一方で、

> **導入フェーズにおける価値を確認するメッセージは、将来のビジネスの基盤を構築する**

プロジェクトの当初のスポンサーに向けた価値のコミュニケーションも忘れてはならない。価値を確認するメッセージに注意を払い、セールスが既存の顧客にさらなる付加価値を提供することで、次の営業機会を得る可能性を高める。こうしたメッセージはしばしば見落とされがちだが、新規顧客との今後のビジネスを確保したり、既存のアカウント内でさらにビジネスを発展させるために不可欠なのである。

とはいえ、価値メッセージは単純に商品をプッシュするものではない。むしろ価値メッセージは、セールスが顧客のビジネス上の課題や要望、具体的背景との結びつきを見失わないようサポートするためのものである。カスタマーパスの後半、特に購買フェーズでは、価値メッセージは具体的な商品に結びついた提案になりがちだが、それでも、そのソリューションが顧客にとってどのような意味を持つのかということを扱っているのである。

さらに、価値メッセージは、購買を決定する顧客の背景にある文脈がどのようなものかも踏まえておかなければならない。だからこそ、コンテンツの章で議論したプレイブックはとても重要な意義を持つのである。さまざまな業種や買い手の立場などに応じてプレイブックを作成することにより、セールス・イネーブルメントは各セールスがカスタマーパスやそのビジネス背景、顧客側の個人的な成功や組織の成功に合わせ、適切なメッセージを採用できるようサポートすることができる。

■ プロセスをオーケストレートする

　セールス・イネーブルメントが顧客に対するメッセージを直接作成することはほとんどない（一切作成しないのが理想的）。より典型的な例では、価値メッセージは、マーケティング（あるいはプロダクト・マーケティング）とプロダクト・マネジメントとの協力的な取り組みによって作成される。しかし、マーケティングが作成するコンテンツについて論じたのと同じ課題が、マーケティングが作成するメッセージについても生じる。マーケティングは主にデマンド、リードの生成といった早期の認識フェーズに焦点を当てているため、カスタマーパスの後半段階を見すごしがちである。

　セールス・イネーブルメントはマーケティングと提携して、メッセージがカスタマーパスに連動して、どの段階でも使えるようにすることを保証しなければならない。価値メッセージについて、あるいはそれがカスタマーパスに沿ってどのように変化するかについて十分に理解していない組織では、セールス・イネーブルメントは個々のメッセージ一つひとつを構造化し、メッセージを作成するプロセスを開発する必要があるだろう。そのうえで、プロダクト・マーケティング、プロダクト・マネジメントと密接に連携してそのプロセスを確立し、確実に成果を挙げられるようにしなければならない。

　セールス・イネーブルメントが進化するにつれて、価値メッセージの作成に貢献するすべての関係者が、そのメッセージの役割をより深く理解するようになる。そうなれば自ずと、これらのメッセージを作成することは彼らの任務の一部になる。

　価値メッセージを作成するプロセスは、その組織が現在、価値メッセージに関してどの程度洗練されているかによって大きく左右される。マーケティングにプロセスが確立されている場合は、セー

ルス・イネーブルメントはそのプロセスをベースに、それをカスタマーパス全体と営業チームが必要とする支援のすべてをカバーできるものへと拡張することもできるだろう。もし組織がそれほどメッセージづくりに熟達していないなら、セールス・イネーブルメントが価値メッセージのプロセスを確立し、全体の取り組みをオーケストレートするリーダーシップを発揮する必要があるだろう。

価値メッセージを作成するプロセスを俯瞰できるよう、全体像を示すチャートを用意した。**表8.1**を使えば、単に現在の取り組みを拡大するにせよ、価値メッセージのプロジェクトをゼロから立ち上げるにせよ、すべてのステップをカバーできているかどうか確認することができる。

また、価値メッセージが作成されたら、セールス・イネーブルメントは、提供するすべてのイネーブルメント・サービスが一貫して使用されているかを確認する重要な役割も果たさなければならない（この役割を果たせば、一貫性のない価値メッセージが使われたり、用意したメッセージの採用率の低さに日々苦しんでいるマーケティングに対して大きなポイントを稼ぐことができる!）。

表8.1　価値メッセージのプロセス

フェーズ1　評価

以下の点に即して、自社の顧客向け資産とセールス・イネーブルメント資産のすべてを見わたし、現時点でのメッセージを評価する。

- 有効性 effectiveness
- 一貫性 consistency
- 流通性 currency
- カスタマーパスのカバー範囲

その結果を分析する。

以下のように、次のステップを定義する。

- 市場開拓戦略や顧客開拓戦略を再検討する
- カスタマーパスの全フェーズを適切にカバーできるような価値メッセージのフレームワークを開発する
- 諸々の役割、業種、ビジネスシナリオなどをカバーする際に生じるギャップを埋めるためのプランを策定する

フェーズ2　構築

価値メッセージにどのような取り組みが必要か見積もり、ビジネスケースを作成する。価値メッセージのフレームワークの構築、あるいは、現在利用可能なフレームワークを調整する。価値メッセージ・プロジェクト用の作業計画を構築する。それには次のような論点を含む。

- 第三者も含む必要とされるコラボレーション
- マイルストーンと成果物を示したロードマップ
- たとえば、新製品や新サービス、特定の業界、特定の役割に応じたパイロット・プロジェクト
- 経営幹部の了承とコラボレーションを行う協力者のサポートと、そのリソースの割り当て

フェーズ3　作成

最初のパイロット・プロジェクトに向けて、必要な協力者たち（サードパーティーを含む）とワークショップを実施する（プロジェクトが大規模な場合、複数のフェーズに分割する）。

- 製品やサービスが解決するビジネス上の課題は何か合意する
- ビジネスにもたらされる価値について合意する
- カスタマーパスの各フェーズで買い手側の最重要関係者への価値メッセージを作成する

ワークショップの結果をメッセージ・フレームワークに収める。
パイロット・プロジェクトの第2フェーズ、あるいはパイロット・プロジェクト2へ進む。

フェーズ4　統合

価値メッセージをセールス・イネーブルメント・サービスに統合する。

- 顧客向けコンテンツ・サービスをアップデートする
- プレイブック、営業スクリプト、ツールなど社内のセールス・イネーブル・サービスをアップデートする
- 関連する商品トレーニング・サービスに新しい価値メッセージをアップデートまたは統合する
- 買い手側の重要な関係者に焦点を当てたマイクロ・ラーニング・モジュールなど、必要な新サービスを作成する
- コーチング・トレーニング・サービス、コーチング・ガイドライン、必要ならばコーチング・プロセスも更新または統合する
- ウェブサイトやパンフレットなどの顧客向けコンテンツのアップデートについてマーケティングと協力的な取り組みを実施する

フェーズ5　導入

新しい価値メッセージのアプローチを導入する。

- 顧客接点を持つすべての関係者用にカリキュラムを作成する
- 関連ある商品/価値メッセージ・トレーニングへの参加を確保する
- 現在のコンテンツ・サービスに合わせてSECM（Sales Enablement Contents Management）プラットフォームが更新されていることを確認する
- セールスマネジャーと特別コーチング・セッションを行い、彼らが価値メッセージを補強できることを確認する
- 関わったすべての関係者からのフィードバックを収集する
  - メッセージを洗練させる
  - プロセスを調整する

■ 価値メッセージがパフォーマンスに与える影響

　価値メッセージの作成に長けている組織もあれば、それを時間の無駄とみなし、この適切な仕事に必要な資金やリソースを配分しない組織もある。後者は、セールス・イネーブルメントやその他の部門が買い手側と関わる際に、「現場が実際に使う」マテリアルの作成に時間をかけることを望むのである。

　我々の研究はこれが間違いであることを示している。2017年セールスベストプラクティス調査で明らかになったワールドクラスセールスの12の特性のうち、少なくとも二つは価値メッセージに直接関係している。

1. セールスは、値下げなど価格の譲歩の見返りを期待せずとも、価値を売り込むことができる。
2. セールスは顧客や見込み客のニーズに合わせ、適切な価値メッセージを一貫して効果的にコミュニケーションする。

　ワールドクラスとみなされた回答者の7%が、組織の売上目標達成率、売上目標を達成したセールス比率、成約率、自主的/非自主的離職率など、いくつかの重要な指標で一貫して全回答者を凌駕していた。

■ 次に向けて

　ここまでの章では、三つのセールス・イネーブルメント・サービスと、それらのサービスの整合性を取ってカスタマーパスに連動させるために必要な価値メッセージについて検討してきた。セールス・

イネーブルメントが何を作成・調整・削除する必要があるかを十分に理解できたはずである。そこで次の問題は、手持ちの限られたリソースで、どのようにしてこのすべてをやり通すのかである。それが第4部の焦点になる。

検討課題

● サービス間の相互調整はどの程度上手くいっていますか？

● 調整不足の場合、どのような課題が生じていますか？　たとえば、営業部がセールス・イネーブルメントの取り組みを全く、あるいは一部無視しているということはありませんか？　また思わぬ結果が生じたりしていませんか？

● セールス・イネーブルメントの取り組みの中で、あるいはマーケティングのような他の部門において、どのような価値メッセージがすでに作成されていますか？

● こうしたメッセージはカスタマーパス全体をカバーしていますか？

● 業界、ビジネス課題、買い手側の関係者といった主要分野で、他にどのようなギャップがありますか？

すぐにやるべきこと

セールス・イネーブルメント・サービスをより適切に調整するためにすぐにやるべきことをいくつか書き出してみましょう。

第**4**部

セールス・
イネーブルメントの
社内活動

The Inner Workings of Enablement

第4部では、セールス・イネーブルメントの組織内への影響に目を向ける。まず扱うのは、コラボレーションという最重要概念である。当たり前だが、何事も一人ですべてやろうとしても、できるわけがない。セールス・イネーブルメントはコラボレーションによる取り組みであり、セールス・イネーブルメントの主たる役割は、他の部門の取り組みと努力を結集し、カスタマーパスに沿って一貫性のある効果的なセールス・イネーブルメント・サービスを創出することである。組織横断的なコラボレーションはそう簡単なことではないが、フォーマルで繰り返し可能なアプローチとして定義し定着させれば、プロセスをずっとスムーズかつ効率的なものにすることができる。

コラボレーションに触れた後、セールス・イネーブルメントにとってもう一つの重要な側面であるセールス・イネーブルメントのテクノロジーについて詳しく触れることにする。本書の第1部から第3部にかけて多くのケーススタディや事例を示してきたが、その多くがテクノロジーに関わっていたことにすでに気づいている人もいるかもしれない。これは、テクノロジーがもはやセールス・イネーブルメントに不可欠な要素となっているからである。テクノロジーを効果的に活用しない組織は、競争において重大な不利益を被るリスクがある。

しかし、セールス・イネーブルメントにおける他のすべての取り組みと同様に、テクノロジーへの投資には優先順位が必要である。どの組織もテクノロジーを導入するための無制限の予算があるわけではないし、優先すべき基礎的なテクノロジーも存在する。第10章では、さまざまなタイプのセールス・イネーブルメントのテクノロジーの内容や、またそれらがどのように役立つかについて、もう少し見通しをつけられるようにしたい。

次に、第11章と第12章では、セールス・イネーブルメントのオペレーションに焦点を当てる。オペレーションに関して2章にわたって触れるのは、それがセールス・イネーブルメントに関する多くのことに関わっているからである。

たとえば、サービスの設計から提供までのすべてをオーケストレートする際に、どのようなセールス・イネーブルメント・プロセスが必要なのか、スポンサーである経営層を巻き込み、組織の戦略や目標の変更を見逃さないようにするためにはどうすればよいのか、回避できない課題に遭遇した際にどう対処すべきなのか、そして成果をどう測定するのか、といったことである。

第**9**章

フォーマルなコラボレーション

Formalized Collaboration

キーポイント

■ セールス・イネーブルメントのプロフェッショナルは、他の部門の
人々と協力して物事を進める高いスキルを備えていなければならな
い。

■ 責任の所在を明確にしたダイナミックなコラボレーション・モデル
を設定することは、セールス・イネーブルメントの生産性と拡張性
を向上させる。

■ コラボレーションに対してよりフォーマルなアプローチを採用して
いる組織は、そうしたアプローチを持たない組織やコラボレーショ
ンに対するアプローチが場当たり的な組織よりも、売上目標達成率
で21％も優位に立つ。

職務を果たす

本章では、フォーマルなコラボレーション・プロセス（**図9.1**参照）を構築することを通じて、拡張性のあるセールス・イネーブルメントを構築する方法を論じる。しかし、セールス・イネーブルメントの文脈でコラボレーションを論じる前に、いくつかの懸念に対処しておく必要がある。

第1部でセールス・イネーブルメントは誰のものかを論じた際、一貫した効果的なサービスをつくり出す唯一の方法は、セールス・イネーブルメントを一つの独立した戦略的な規範とすることであると述べたのを思い出してほしい。また本書を通じて、セールス・イ

図9.1　セールス・イネーブルメント・クラリティ・モデル

© 2018 MILLER HEIMAN GROUP. ALL RIGHTS RESERVED.

ネーブルメントがすべてを行うわけではない（そもそもできない）と繰り返し指摘してきた。だとすると、それはどう機能するのか？セールス・イネーブルメントが一つの独立した規範であるということは、効果的な営業に必要なサービスをつくり出すためのリソースはセールス・イネーブルメントによって管理されるということを意味するのだろうか？

　決してそうではない。セールス・イネーブルメントのプロフェッショナルは、他の部門の人々と物事を進める高度なスキルを備えている必要がある（他の部門の予算もしばしば使う）。それを実現するためには二つの側面に注目する必要がある。

　第一の側面はガバナンス・モデルである。それに対する基礎的なフレームワークを設定するのがセールス・イネーブルメント憲章である。これについては、第11章でセールス・イネーブルメントのガバナンスに焦点を当てる際により詳しく論じよう。第二の側面はコラボレーションである。コラボレーションは、さまざまな部門が協働してどのようにセールス・イネーブルメント・サービスをつくり出し提供するかに関わる。これが本章の焦点となる。

■ セールス・イネーブルメントの効果的なコラボレーションとはどのようなものか？

　営業組織におけるコラボレーションについて多くのことが言われている。最近の職場においてコラボレーションはありふれたことである。しかし、我々がクライアントに、セールス・イネーブルメントの文脈においてコラボレーションが何を意味するのかを聞くと、たいてい曖昧な、さまざまな回答が返ってくる。単に、「仕事に必要

な作業を一緒に行うこと」と言う人もいれば、「他の部門と最新の情報を共有すること」と答える人もいる。なかには、セールス・オペレーションが構築するコラボレーション・プラットフォームがあれば、部門間のコラボレーションで生じるすべての課題が解決すると考える人もいるし、コラボレーションとはITツールのことだと言う人さえいる。

セールス・イネーブルメントの文脈において、我々はコラボレーションを、営業組織がよりよい成果を（理想を言えばより短時間に）達成するうえで役立つサービスを提供するために、組織横断的に、あるいは第三者的なサードパーティーとも連携して作業するプロセスと限定的に定義する。コラボレーションの必要性は誰もが賛同するが、そのコラボレーションに特定の仕組みやフォーマルなプロセスをどう与えるかが熟慮されることはめったにない。むしろ、販促ツールの作成やセールス・イネーブルメント・テクノロジーの選択、トレーニング・サービスの提供といった、短期間のプロジェクトに焦点が当てられている。

セールス・イネーブルメント・サービスを完成させ、広範な支援への取り組みがなされるよう、コラボレーションが行われているなら、それはよいことだ。しかし、それだけでは拡張性がないとも言える。新しいコンテンツやトレーニングを提供する必要があるたびに、担当者や責任の割り振りを定義し直すことになれば、ある意味では組織全体の足を引っ張ることになる。そのサービスは価値を付加しているのか、そのサービスづくりをサポートすべきなのか、どの予算からリソースを配分すべきかといった議論が、毎回のように関係者との間で起こることは避けられない。

フォーマルなコラボレーション・モデルを設定することで、この種の交渉や論争に時間を浪費することを避けることができる。しか

し、フォーマルなコラボレーション・プロセスを構築するとはどういうことか。コラボレーションの成熟度を評価するのに役立つ測定基準となる一般的な特性を以下にいくつか示しておこう。

● セールス・イネーブルメントにおけるコラボレーションは、プロダクト・マネジメント、プロダクト・マーケティング、人材開発といった各部門のプロフェッショナルの共通した職務記述書に含まれている。
● コラボレーションのプロセスで何が起こるかは予測可能であり、それは一度きりではなく繰り返し活用でき、成功につながると証明されている。
● ハイレベル・ミーティング(たとえば各部門長との戦略的ディスカッション)も特定サービスに関するミーティングも、定期的に開催される。
● ミーティングへの出席が優先づけられており、各関係者はその義務を重視している。
● 各部門のマネジャーは、各メンバーに余力を持たせ、セールス・イネーブルメント・プロジェクトにリソースを充てられるようにする。障害があれば、協力して対策を講じる。
● 誰もがセールス・イネーブルメントの役割を理解し、それが組織の業績にどう貢献するのかも理解している。
● 組織戦略が変更されたり、市場に影響を及ぼすような出来事が発生するなど、状況の変化が生じた場合、セールス・イネーブルメントがどのように対応する必要があるかを関係者は積極的に検討する。

　部門や組織をまたいでコラボレーションできるフォーマルなアプローチを整備しているセールス・イネーブルメントの取り組みは20%未満である。フォーマルなアプローチができている組織はそうでな

い組織に比べて売上目標達成率が7%高いことが示された。

——CSOインサイツ2017年
セールス・イネーブルメント最適化調査

RACIモデル

コラボレーションを効果的にオーケストレートするには、参加する全員にそのプロセスにおけるそれぞれの役割を理解させる必要がある。RACIモデル（あるいはその派生物）は、プロジェクト・マネジャーが利用するアプローチとして何十年もの実績を持つ。このモデルは、実行責任者（Responsible）、説明責任者（Accountable）、協業先（Consulted）、報告先（Informed）の四つの役割を通じてコラボレーションへの参加を定義している。

1. **実行責任者（Responsible）**　主として実務に関わる人々。特定の作業を分担して他に任せることも実務のうちに入る。たとえば、いったんセールス・トレーニング・サービスの定義が定まれば、人材開発部門が先頭に立ってプロジェクトをまとめるのが理にかなっているだろう。なぜなら、最高のサービスを提供するために、各構成要素をどう一緒に機能させたらよいかに関して重要な意思決定ができるのは、人材開発の専門家である彼らだからである。彼らはまた、他の関係者にとって重要なインプットやフィードバックを提供することもできる。同じことがマーケティングにも言える。顧客対応のプレゼンテーションやホワイトペーパーのような彼らの専門性が活かせる場合は、彼らが主として担当すべきであろう。

2. **説明責任者（Accountable）** 最終責任を負う個人やチーム。最終的な結果に対し称賛されたり、非難されたりするのは彼らである。たとえば成果物の一部に貢献するなど、プロジェクトで別の役割を果たすこともある。セールス・イネーブルメントにおいて、この責任を負うのはたいていセールス・イネーブルメントを担う人々である。

3. **協業先（Consulted）** SME（特定領域の専門家）のように、プロセスに対し何らかの貢献をしてくれるが、特定の実務を担当するわけではない。たとえば、資産としての価値メッセージを取りまとめる際、ある機能がどういう価値を持つのか明確にする際、プロダクト・マネジメントが頼られることがあるが、プロダクト・マネジメント自体が価値メッセージを作成することはない。顧客アナリストや業界アナリストもこのカテゴリーに入るだろう。

4. **報告先（Informed）** 最後に、実務には特に関わりも持たないが、プロセスの状況を常に知らせておくべき人々。彼らのフィードバックは、特定の活動より上のレベルに関することが多い。セールス・オペレーションを論じる第11章でセールス・イネーブルメント諮問委員会について説明するが、それを構成しているのは、こうした人々である。

　個人が果たす役割はそれぞれ異なる可能性があるため、各セールス・イネーブルメント・サービスのタイプ（プレイブック、顧客向けプレゼンテーション、プロダクト・トレーニングなど）ごとに役割をあらかじめ定義しておく必要がある。たとえば、セールス・オペレーションの誰かが営業の方法論に関するトレーニング・サービス

の企画を担当することがあるが、他のサービスの作成では助言の提供を求められるだけかもしれない。セールス・イネーブルメント・サービスのタイプに応じてこれらの役割をあらかじめ定義しておけば、組織横断的に構成されたチームが、新しいサービスを作成するたびに、新たな担当の割り振りに頭を悩ませることもない。

個人が果たす役割はそれぞれ異なる可能性があるため、各セールス・イネーブルメント・サービスのタイプ（プレイブック、顧客向けプレゼンテーション、商品トレーニングなど）ごとに役割をあらかじめ定義しておく必要がある

　「コンテンツの種類ごとに、役割、担当、責任をセールス・イネーブルメント・プロセスに沿って定義しました。商品の発売の例で言えば、プロダクト・マネジメントやプロダクト・マーケティングは各々何を作成しなければならないかわかっていますし、セールス・イネーブルメントもたとえばプレイブックやセールスキットなどで何を組み立てる必要があるのか知っています。

　それぞれの役割には独自の憲章があり、また固有の定期的な集まりがあります。その集まりは見直されたり、ビジネスが変化すれば当然変更が加えられたりします。たとえば、結果を出すまでにかかる日数を10日から5日に減らさなければならない場合、それが可能かどうか、可能であればどうやって行うのか議論がされます。

　セールス・イネーブルメントに関わる組織の仕事の一つは、関係するチームと常にコミュニケーションを取り、プロセスの変更や更新が必要な場合はサポートすることです。どのチームも皆忙しいの

ですから、コミュニケーションこそが成功のカギを握っています」

クリスティーヌ・ドリアン
Callidus Cloud 社
グローバル営業兼チャネル運営・支援担当副社長

■ 改善の必要な領域

CSO インサイト2017年セールス・イネーブルメント最適化調査は、10の異なる部門でコラボレーションがどのように行われているかを調べるために、それぞれの部門のセールス・イネーブルメント・コラボレーション・レベルを評価するよう回答者に求めている（**図9.2**参照）。

コラボレーションは主としてインフォーマルなものであるが、それでもほとんどの部門はそれなりに有効とみなしているようである。

図9.2　セールス・イネーブルメントコラボレーション評価

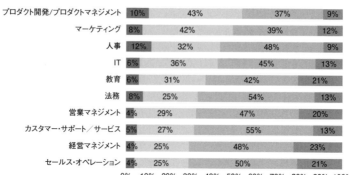

© 2018 MILLER HEIMAN GROUP. ALL RIGHTS RESERVED.

これは、ほとんどの部門でコラボレーションがなされていなかった数年前と比べれば著しい変化である。

　最新の調査では、改善あるいは大規模な再設計が必要な部門が主に二つ残っている。プロダクト開発／プロダクト・マネジメントとマーケティングである。これは克服しなければならない大きなハードルだ。どちらも、トレーニング、コーチング、その他のサービスとコンテンツを統合したり、顧客にパースペクティブを提供するうえで、不可欠である。この両組織と上手くコラボレーションしているセールス・イネーブルメントを持つ組織は、そうでない組織よりも高い成約率を示している。

組織横断的なコラボレーションの例

プロダクト開発／ プロダクト・ マネジメント	社内への商品の説明、顧客向けの詳細なコンテンツや販促ツール、チラシ、価値の算定・分析ツール
マーケティング	さまざまな形式の顧客接点で活用されるコンテンツ、顧客の声に関するデータ、キャンペーン、リード創出、リード育成、市場の情報、ソーシャルコンテンツ
HR	採用基準、採用アセスメント、新人研修プログラム、マネジャーのサクセッションプラン（後継者プラン）、コンピテンシー・モデルの構築

IT	システム統合、CRM、SECM（セールス・イネーブルメント・コンテンツ・マネジメント）、ラーニングテクノロジー、セールスアナリティクス、営業AIツール、ソーシャルセリング・ツール、ダッシュボード作成
法務	契約書テンプレート、法的な補足資料、SLA（サービスレベル・アグリーメント）文書、SOW（作業指示書）テンプレート
営業マネジメント	コーチングや営業力強化のサポート、顧客やセールスからのフィードバック
カスタマー・サポート/サービス	VOC（顧客の声）のデータ、顧客の商品やサービス導入・活用をサポートするコンテンツ
経営層	スポンサーシップ、リソース、ビジネス・プラン策定への関わり、セールス・イネーブルメント憲章、ガバナンス・モデル
セールス・オペレーション	CRMの活用、提案テンプレート、営業プロセスの改善、成果指標の設定、取引承認テンプレート、ディール・ボードのテンプレート

■ 組織にコラボレーションを売り込む

　経営層であるスポンサーにコラボレーションを売り込むのは比較的簡単である。コラボレーションが上手くいっている組織は売上目標達成率が向上するだけでなく、組織は効果的なコラボレーションによって既存の投資に対するリターンを改善させることもできる。セールス・イネーブルメントには費用が掛かることもあるが、そのためのリソースの多くはすでに整っている。たとえば、コンテンツはすでに作成されているし、トレーニング・サービスもすでに提供されている。セールス・イネーブルメントがあれば、既存のサービス間に一貫性がもたらされ、ビジネスへのインパクトが増大するのである。

　時間や人材の提供を求める相手にコラボレーションを売り込むのはもう少し難しいかもしれない。特にセールス・イネーブルメントが彼らのテリトリーを侵す存在と見られるときは難しい。今日の競争の激しいビジネス環境では、市場だけでなく社内にも競争がしばしばある。

　本章で強調したように、セールス・イネーブルメントのプロフェッショナルは他の部門の人々と協働して物事を上手く進めるスキルを備えていなければならないし、適切に他者の功績を認めるスキルも必要である。セールス・イネーブルメント・サービスのリーダーでありオーケストレーターとしての役割の一つは、他者の優れた仕事や取り組みを際立たせることである。それを上手くやらないと、乗組員なしの船を操縦するような状況に陥ることになるだろう。

　結局、経営層のスポンサーたちは、組織横断的なセールス・イネーブルメントの取り組みを規範にのっとり効率よく機能させた、可能な限り最善の結果を求める。組織の経営層は、誰が何をしているの

かにさほど関心はなく、ただそれが機能しているのかだけを気にしている。それでも、生産性やパフォーマンスの全体的な改善という肝心のことを押さえておけば、経営層のスポンサーと会うたびに、功績を認められるであろう。

　第11章では、セールス・イネーブルメント諮問委員会の概念とセールス・イネーブルメント・プロダクション・プロセスの詳細についてさらに深掘りする。その前に、まず第10章で、セールス・イネーブルメント・テクノロジーというもう一つの重要な分野について見ておくことで、議論の基礎固めをしておきたい。

検討課題

● セールス・イネーブルメントのプロフェッショナルたちが、組織横断的なコラボレーションを効果的にオーケストレートするために必要なサポートを提供していますか？

● セールス・イネーブルメントのコラボレーション・プロセスはどの程度フォーマルなものですか？

● 役割、担当、プロセスをどの程度上手く定義できていますか？

● どの部門と最もコラボレーションが上手く行えていますか？　最も上手く行えていないのはどの部門とのコラボレーションですか？

● 各部門にはそれぞれコラボレーションに対してどんな障害がありますか？　それはどのように取り除けますか？

すぐにやるべきこと

組織において組織横断的なコラボレーションをよりよく行うために、すぐにやるべきことをいくつか書き出してみましょう。

第**10**章

統合的セールス・イネーブルメント・テクノロジー

Integrated Enablement Technology

キーポイント

■ セールス・イネーブルメントは通常CRMシステムを担当しないが、CRMシステムが有効に現場で活用されていることは、効果的なセールス・イネーブルメントの前提条件である。

■ セールス・イネーブルメント・テクノロジーは、セールス・イネーブルメント・コンテンツや学習マネジメントの向上、コーチング・テクノロジーを扱うだけでなく、生産性の向上など、特定のニーズに対応するために設計された多くのソリューションもカバーする。

■ セールス・イネーブルメント・テクノロジーの戦略を定義する場合、セールス・イネーブルメントは自らが保持するテクノロジー（SECM：Sales Enablement Content Managementなど）だけでなく、セールス・イネーブルメントに貢献するその他のソリューション（たとえば数値分析など）も考慮する必要がある。これには、セールス・オペレーションやITなどの他の部門との緊密な連携が必要である。

CRMからセールス・イネーブルメントが始まる

テクノロジーの進歩は過去20年間、営業の様相を劇的に一変させたが、その変化はインターネットだけがもたらしたものではない。CRMは、高度なITリテラシーを持つ組織やセールスだけが使用するシステムではなくなり、産業や企業文化に関わらず、ほとんどの営業組織のデータシステムとなっている。

本章ではセールス・イネーブルメント・テクノロジー（**図10.1**参照）に焦点を当てるが、特に組織によって十分に活用が進んでいる拡張性と適応性を備えたCRMシステムは、すでにこの領域で必需品となっている。こうしたシステムは、単に他のセールス・イネー

図10.1　セールス・イネーブルメント・クラリティ・モデル

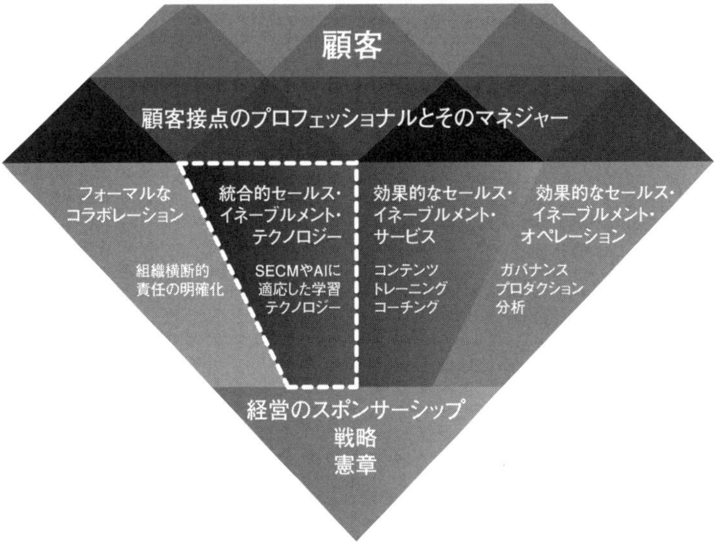

© 2018 MILLER HEIMAN GROUP. ALL RIGHTS RESERVED.

ブルメント・テクノロジー
だけでなく、営業システム
全体の基盤となっている。
つまり、それは生産性やパ
フォーマンスを高める拡張
性のあるプラットフォーム
である。それによりインサ

> 依然としてCRMの活用やデータの正
> 確性で手こずっている組織は、その問
> 題に対処する必要がある。さもなけれ
> ば同業者から取り残されるリスクを
> 抱えることになるだろう

イトや分析をもたらすデータが提供され、営業組織は単一のイン
ターフェースを持つことになる。将来的には、このシステムは、AI
によって拡張される営業活動の前提条件となるだろう。

　依然としてCRMの活用やデータの正確性で手こずっている組織
は、その問題に対処する必要がある。さもなければ同業者から取り
残されるリスクを抱えることになるだろう。

■ 不安定な基盤を支える

　残念ながら、CRMシステムの活用状況は、セールス・イネーブル
メントにとってかなり不安定な基盤である場合が多い。CRMシステ
ムの活用率が現在の水準に達するまでには何十年もかかった。結果
をリアルに見るためには活用率が75%レベル以上であることが必要
だが、まだそこに至っていない。さらに、2017年セールスベストプ
ラクティス調査の回答者で、CRMシステムのデータに自信を持って
いたのは25%だけであり、それが営業生産性を向上させていると認
めたのも25%だけだった。

　導入が上手く行かずCRMシステムの活用率が低いことは、セール
ス・イネーブルメントの取り組みの成果を測定する能力に支障を来

す。CRMシステムのデータが正確でなければ、セールス・イネーブルメントが営業の生産性や有効性を高めるうえで役立っているのか知りようがない。これは、セールス・イネーブルメントがまだ成熟途上である場合に特に当てはまる。その場合は、将来の営業パフォーマンスに影響を与える先行指標に重点が置かれることになる。このトピックについては、セールス・イネーブルメントの評価指標に焦点を当てる第12章でより詳しく論じる。

　CRMシステムの活用は通常、別の部門（セールス・オペレーションであることが多い）の管轄だが、セールス・イネーブルメントはいくつかの方法で問題解決をサポートできる。第一に、セールス・イネーブルメント・テクノロジーがセールスによって直接使用されるよう設計されている場合、セールス・イネーブルメントはIT部門と連携して、収集したデータをシステムに取り込めるようCRMシステムの統合を促すことができる。第二に、セールス・イネーブルメントはCRMシステムを活用して営業の方法論をサポートするサービスを提供することができる。たとえば、セールスがシステムにある案件を入力すると、プレイブックがその案件内容に基づいて自動的に生成されるようになる。理想的には、セールス・イネーブルメント・コンテンツ・ソリューションに基づき、コンテンツに関してCRMシステムですべてをまかなえるようになれば、セールスは必要とするものを求めてCRMシステムを頼るようになり、活用率が向上するだろう。

　　「CRMシステムがセールス・イネーブルメント戦略においてどの程度重要な役割を果たしているかを考えるには、文脈の中から考えることが重要です。我々の2015年の四つの優先事項の一つは、ビジネス全体で単一のCRMシステムに統一することでした。その野心的

なプログラムを2015年の夏に開始し、ほんの12ヶ月後には24ヶ国の1000人のユーザーが当社唯一のオートメーション・プラットフォームとしてSFCE [Salesforce] を使用していました。これは、一貫性のある統一された営業プロセスを持ち、すべての主要な営業指標を報告できるようにしようという私たちの試みを支えてくれました。

　このことは、営業組織がSFCEの上で『生活できる』ようにするという私たちの戦略にとって画期的でした。セールス・イネーブルメント・テクノロジーで有効性や効率性を向上させようとするなら、SFCEと連携して、その生態系の一部となる必要があります。プラグインを介してブルーシート（案件管理プロセス）をSFCEに組み込んだことは、その好例でしょう」

ボリス・クルック

Cable & Wireless Communications社
営業運営担当副社長

■ セールス・イネーブルメント・テクノロジー

　特定のセールス・イネーブルメント・テクノロジーについて説明する前に、おそらくセールス・イネーブルメントにあまり関わりのない営業テクノロジーがたくさんあることを指摘しておくべきだろう。たとえば、BYOD（bring your own device：自分のデバイスを持ち込む）ポリシーが理にかなっているのか、それとも営業組織全体に会社所有（及び管理）のモバイル・テクノロジーを支給する必要があるのかを判断するのはIT部門である。

　営業組織が使用するモバイル・デバイスが何であれ、セールス・イネーブルメントが提供するサービスにアクセスできなければなら

ないのだから、その決定について知っておく必要がある。しかし、おそらくその決定自体や、そのソリューションの導入にセールス・イネーブルメントは関わりを持たない。セールス・イネーブルメントはどんなセールス・イネーブルメント・テクノロジーが利用可能かを把握しておけば、それで十分である。

　新しいアプリケーションが毎日のようにリリースされており、多すぎてすべてを取り上げることはできない。我々の議論では、生産性とサービスに関わる三つの主要カテゴリーだけに焦点を当てればよいだろう。ただし、我々が提示する事例の多くは実際のところカテゴリーをまたいでいたり、カテゴリー化が難しいものもある。より広いカテゴリーの観点から考えてみるのは、セールス・イネーブルメントがそれらの領域を支援できているか確認するうえで役立つであろう。

■ セールス・イネーブルメント・コンテンツ・マネジメント

　今日、セールス・イネーブルメント・コンテンツ・マネジメント（SECM）と呼ばれるコンテンツ管理システムのさらなる進化により、セールスは、システムと（理想を言えば単一のインターフェースを通じて）直接やり取りし、カスタマーパスにおける現在の段階、買い手側の関係者、買い手の業界やビジネス上の課題といった特定の基準に基づいたコンテンツ資産を検索することができる。

　このように機能性が高まることで、セールス・プロフェッショナルは、カスタマーパスの特定のポイントで買い手側に適切なコンテンツ資産や、社内で必要とされるすべてのコンテンツ（ガイドライ

ン、スクリプト、プレイブックなど）の検索時間を大幅に削減することができる。

　より高度なSECMシステムはCRMシステムと統合され、セールスがコンテンツを検索できるだけでなく、顧客のビジネス上の課題や特定の営業状況に応じたコンテンツがセールス・プロフェッショナルに積極的に提案されるようになる。また、一部のシステムでは、案件の特性に基づいて、プレイブックやその他のコンテンツ資産を自動的に作成することもできる。こうした推奨コンテンツを使用して、セールス・プロフェッショナルはアプローチを調整し、プレゼンテーションをカスタマイズできるのである。

オンライン・プレイブック、保険代理店に従業員1人あたり売上の22%以上の増加をもたらす

　ある銀行が保有する保険代理店の雇用給付部門は、この5年間で、洗練された新しい営業の方法論を社内へ本格展開し、強力なチームをつくり上げてきた。しかし、売上増加にも関わらず、代理店内のプロセスやシステムが機能しておらず、社内での非効率の問題を引き起こし、従業員1人あたりの売上は減少していた。

　そこで同部門は、健康保険代理店へのソリューションを専門とするソフトウェア会社であるCode SixFour社と契約を結んで、ベストプラクティスの定義や社内にある既存の知的財産・資産の体系化をサポートするよう求めた（ちなみにCode SixFourという社名は、SIC（業界標準分類）における保険代理店やブローカーの業界コードに由来している）。Code SixFourのチームは、すべてのコンサルティング・プロジェクトのタイプ

に合わせてワークフロー、役割、担当を定義したうえで、Code SixFour Benefit Consulting Cloud（保険代理店やブローカー向けのウェブベースのコンテンツ・マネジメント・ソリューション）によってプレイブックを自動的に生成した。そのプレイブックには次のようなコンテンツが含まれている。

● 製品 / ソリューションのポジショニング・ステートメント
● クライアントの問題を診断できるようデータをベンチマーク化
● 導入ツールとプロジェクト・プラン
● セールスが顧客に関する情報を得るための質問とガイド

　コンサルティング・アプローチを一層フォーマルなものとし、プレイブックをオンラインで利用できるようにすることで、既存のセールス・トレーニングのROIが大幅に改善した。プロデューサーとアカウントマネジャーを緊密に連携させることで、チームは、より野心的なプロジェクトを引き継ぎ、代理店の総売上を従業員1人あたり22%以上引き上げることができた。

　これらの統合ソリューションをさらに上手く整備すれば、セールス・イネーブルメントやコンテンツ・マーケティングのプロフェッショナルが、見込み客や顧客がコンテンツをどのように使用し、どんなインパクトを与えるかトラッキングできるようになるだろう。たとえば、次のような詳細な質問に答えることができるようになる。

　このケーススタディの共有は、別のものを共有するより、フォローアップややり取りを増やすことにつながるか？　顧客はこのホワイトペーパーをすべて読むか、それとも特定のページに目を通すだけか？

インタラクティブなROIツールを提供した顧客のうち、何パーセントがそれを使用しているか？　そのうちのどのくらいが次のステップ（追加質問やさらなるミーティングなど）や直接提案へつながるか？

　同様の分析を社内向け支援のために活用すれば、たとえば特定のプレイブックがどう使用されたか、ガイドラインがどのくらいダウンロードされたか、バトルカードがどれくらい見られているかといったことを知ることもできるだろう。

　またSECMシステムには、コンテンツを更新あるいは入れ替える時期の判断に使えるコンテンツ・マネジメント機能もある。特定のコンテンツが、もはや使用されなくなったり、顧客のカスタマーパスの前身を後押ししようとするセールス・プロフェッショナルの助けにならなくなっているのであれば、その資産がすでに有用性を失っていることを明白に示している。時代遅れのケーススタディなどの古いコンテンツを入れ替え、更新すれば、セールス・プロフェッショナルは必要なものをより簡単に見つけられるようになり、営業生産性が向上する。さらには、システム内の資料の品質への信頼度も高くなるであろう。

　SECMシステムの例としては、Bigtincan、Brainshark、CallidusCloud、HighSpot、MobilPaks、Savo、Seismic、Showpadなどがある。

■ 学習プラットフォーム

　ラーニング・マネジメント・システム（LMS）を含む学習プラットフォームは、多くの場合、特に人材開発部門により保持・管理されており、セールス・イネーブルメント・システムとはみなされな

い。しかしこれも、統合されたセールス・イネーブルメントの規範に基づく取り組みの重要な構成要素である。

従来のLMSは、人材開発や人事などの部門がオンライン学習モジュールを提供したり、オフラインやクラスルームのトレーニングでなされたクイズやテストへの参加を追跡したりする手段であった。実際、著名なオンライン学習の専門家、トリオン・ムーラー氏は、多くの学習プラットフォームは依然として人事が保持・管理していると述べている。これは、セールス・イネーブルメントが主導して、コラボレーションを指揮していく必要があるもう一つの分野である。学習プラットフォームをセールス・イネーブルメントのインフラストラクチャーの一部にしようとするなら、セールス・イネーブルメントは、「現状を変えるために、学習システムを広い視野で見たほうがよい」と経営層を説得する必要がある。

オンライン学習モジュールを利用しやすい形で提供することがセールス・イネーブルメントに有益であると理解されると、トレーニング・サービス（特に、知識獲得に焦点を当てるサービスや、特定のメッセージや特定の営業の方法論の使い方を復習させるサービス）はますますコンテンツ資産のように扱われるようになる。

理想的には、セールス・プロフェッショナルが特定の案件に関わっているとき、それに関連する学習モジュールにさまざまなeラーニングやモバイル・フォーマットでアクセスできるよう、これらの資産はCRMシステムを通じて提供されるべきである。

学習機能を提供するシステムの例としては、Brainshark、CallidusCloud Litmos、Intrepidなどがある。

■ コーチング

　AIやその他のテクノロジーの進歩により、コーチング・システム
はこれまで以上に効率的になった。面談での会話を録音して管理す
るということはすでに行われて久しいが、新しい機能により、マネ
ジャーは課題のある分野を明らかにしたり、セールス・プロフェッ
ショナルが見込み客や顧客とのやり取りにおいて価値メッセージを
どのように使用しているかを理解するために、キーワード、フレー
ズ、行動で検索できるようになった（価値メッセージの詳細につい
ては第8章参照）。

　セールスの応答に基づいてシナリオが分岐するような面談のシ
ミュレーションを行うヴァーチャル・リアリティのような新たな
ツールは、ロールプレイをRPGのような経験に転換し、セールスマ
ネジャーがスキルを評価するうえでも非常に役立つ。この種のツー
ルは、遠隔地のメンバーをコーチングするうえで特に効果を発揮す
るだろう。我々は、AI拡張型の営業ツールがありふれたものになれ
ば、コーチングのシステムや能力が大幅に飛躍すると予測している。

　コーチングに活用できるテクノロジーの例をいくつか挙げれば、
5600blue、Brainshark、Gainsight、Mindtickle、Refract、SpearFysh、
Xvoyantなどがある。

AIでコーチングを改善する

　Gainsightは、収益向上と顧客維持のためにテクノロジーを拡張的に
活用する方法を提供するカスタマー・サクセス・マネジメントの主要なプ
ラットフォームである。企業組織である以上、Gainsight社も自社のビジ

224

第 10 章　統合的セールス・イネーブルメント・テクノロジー

ネスの成功を追求している。それゆえ、売上管理担当副社長ライアン・トーベン氏は、フォーキャストの可視性と精度を向上させる新しいツールを探していた。彼が見つけた答えはPeople.aiであった。それは、セールスがどう時間を過ごしているかを分析することで、セールスマネジャーに営業チームを成功に導くために必要なインサイトを提供するプラットフォームである。

　しかし、People.aiはただのコーチング・ツールではなく、数千の指標を分析する機能も備えている。トーベン氏は次のように説明している。「People.aiは、セールスが顧客に返信を戻すまでの時間だけでなく、顧客がセールスに返信するまでにどれくらい時間がかかるかも教えてくれます。前者の指標は、セールスのコンプライアンス度をチェックするうえで有益ですが、本当に価値があるのは後者の指標です。セールスは、顧客からの返信が早くなるよう動機づけ、プロセスを前に進めるために、どんな特殊なことをしているのでしょうか？　それを浮かび上がらせれば、そのベストプラクティスを営業チームで共有できるようになり、実に有益なものとなります」

■ 生産性ソリューション

　このカテゴリーのセールス・イネーブルメント・テクノロジーは幅広いソリューションに関わっており、そこには主要なセールス・イネーブルメント・テクロジーのプロバイダーが提供する機能や、特定のニーズに対応するための多数のポイント・ソリューション（特定の機能を提供するソリューション）が含まれる。

　これらのアプリケーションは必ずしもセールス・イネーブルメン

225

トが担当するわけではないが、営業組織のニーズを調査すれば、価値を付加する機会があることを発見できる可能性が高い。その機会に対し、セールス・イネーブルメントが主導して何かをするか、単にそうしたニーズがあると指摘するに留まるかはともかく、時間のロスがあるのなら、それに対処するアプリケーションは見つかる可能性が高い。

　このカテゴリーの例としては、Clearslide、Jive（コラボレーション、エンゲージメント）、Concur（経費報告書の作成）、Doodle（会議スケジューラー）、Five9（コールセンターの予測ダイヤル）、Gainsight、Kapta、Revegy（主要アカウント管理）、Go-to-Meeting、Skype（ミーティングやイベント）、InsideView、Sales Navigator（営業インテリジェンス）、RO Innovation（リファランス請求）がある。

　　「カリダスクラウドではセールス・イネーブルメント・テクノロジーが大きな役割を果たしています。現在はポータルという概念を使用して、個々の見込み客や顧客のそれぞれに固有のポータルを用意しています。セールスはそれぞれのポータルを使って、見込み客や顧客がカスタマー・ジャーニーのどの段階にいて、どんな問題を特に解決しようとしているかに応じて、意義や価値のあるコンテンツを共有することができます。

　このポータルこそ、真実を語る唯一の情報源です。見込み客や顧客はセールスに質問をしたりフィードバックを与えられますし、セールス側も商談を進めようと、コンテンツを個別に調整して顧客をサポートできるのですから、双方にとってこれはとても有益です。

　またセールス・イネーブルメントとしては、買い手側にもさまざまな関係者がいて、価値メッセージに関してもさまざまな要件があ

ると、実に多くのことを学んでいます」

クリスティーヌ・ドリアン
Calldus Cloud社
グローバル営業&チャネル運営・支援担当副社長

AIを活用した営業活動は、あらゆるタイプの営業に関連するテクノロジーの性能を高めていて、目を離せない。システムがますますデータ分析や成果学習に習熟してくると、セールスが進むべきすべてのステップをガイドできるようになるだろう。たとえばどのメッセージを使い、どのコンテンツを共有し、どのステップを次に取るのがベストかなどである。それはまるで、いつでもワールドクラスのセールスコーチを自由に使えるようなものである。

セールス・イネーブルメントは、こうしたテクノロジーの進歩の一歩先を行くことで、組織に価値をもたらし、自らの戦略的立場を高めるまたとない機会を得ている。最終章となる「これからの営業」では、AIを活用した営業やその他関連トピックについてもう少し論じるつもりである。

■ 必要なデータの取得

セールス・イネーブルメントがテクノロジーを保持せず、その活用や導入のメリットを受けている場合、そのテクノロジーを実際に保持する部門と緊密に連携することが不可欠となる。セールス・イネーブルメントは、どのテクノロジーを導入するか決定を下すことはないだろうが、そのテクノロジーがセールスを支援する能力にインパクトを与える場合は、その議論に大いに貢献できる。

本章の冒頭で、CRMシステムを効果的なセールス・イネーブルメントの基盤と論じた際、すでにこのことには触れた。通常、CRMシステムを保持するのはセールス・オペレーション部門だが、セールス・イネーブルメントは彼

> セールス・イネーブルメントは、どのテクノロジーを導入するか決定を下すことはないだろうが、そのテクノロジーがセールスを支援する能力にインパクトを与える場合は、その議論に大いに貢献できる

らと関わりを持ち続ける必要があり、いったん導入されたら、それがしっかり活用されるようサポートすることができる。

セールス・イネーブルメントは営業の分析ツールもおそらく保持しないだろうが、セールス・イネーブルメントの目標を達成するうえで中心的なものである。分析ツールは、営業部門の責任者が営業プロセスをよりよく理解し最適化できるように、CRM、ERP、カスタマー・サービスなどさまざまなソースからのデータを分析することで、より深いインサイトを提供する。このインサイトはセールスマネジャーがコーチングに取り組むうえで非常に重要である。

また、これらのツールは、成果を測定するための指標をセールス・イネーブルメントに提供する（指標については第12章で詳しく扱う）。CRMシステムやセールス・イネーブルメント・アプリケーションの主要なプロバイダーはやはり、そのアプリケーションに強力な分析ツールを組み込んでいる。しかし、それらがニーズを十分に満たさないこともあるし、市場を見れば、より深く分析して特定の課題に対する解決策を見つけるためのサードパーティーの統合アプリケーションがたくさん出回っている。セールス・オペレーション部門やIT部門とコラボレーションすれば、必要なデータを確保できるであろう。

「新しいテクノロジーを検討するリスクについては、私はためらったことがありません。だから数年前からもうAIを活用していました。営業用のAIで最初に触れたのは、Implicitという会社のものでしたが、その会社はその後Salesforce社によって買収され、Sales Cloud Lightningの一部として提供される、Einsteinの基盤となりました。

当初Implicitに魅力を感じたのは、セールスのすべての電子メールがCRMシステムであるSalesforceの適切なアカウントと案件にAIによって記録されることでした。セールスは1日50～60通のメールを送信していますので、その機能だけで、メールを手動でタグづけする手間を省き、セールス1人あたり週5～6時間の節約となりました。また、AIがこのプロセスを実行して、すべてが一貫性を持って正確になされるようになったので、データの品質にも向上が見られました」

カイ・ユウ・ション

Silverline社
CGO

■ セールス・イネーブルメント・テクノロジー
の成果を検証する

セールスリーダーたちは、目標を達成するうえで生産性と効率性が果たす役割を理解している。CSOインサイト2017年営業パフォーマンスの最適化に関する調査で、セールス・イネーブルメント・テクノロジーに投資することで得られる改善点の上位に挙げられたものをいくつか示してみよう。

1. セールスがコンテンツやツールへアクセスしやすいか
2. コンテンツや資料の検索時間の短縮
3. 成約率の向上
4. 営業とマーケティングの連携の改善
5. 新規採用のセールスの育成期間の削減

　こうした知見は、ビジネスのために新しいテクノロジーへの投資が必要だとする主張を強化し得る。しかし、最も効果を発揮するためには、セールス・イネーブルメント・テクノロジーがセールス・イネーブルメントの包括的な取り組みの一つの構成要素とみなされなければならず、セールス・イネーブルメント憲章に照らしてその主張は行われるべきである。

　現状を把握するフェーズでどのような組織目標が見つかったか？どのようにしたらセールス・イネーブルメント・テクノロジーをそれらの目標と改めて結びつけることができるのか？

　最後に、軽視してはならないセールス・イネーブルメント・テクノロジーが持つもう一つの利点がある。それはセールス・イネーブルメント・チームの生産性を向上させることである。たとえば、SECMソリューションによって、セールス・イネーブルメント・チームは、ターゲットとする対象者にコンテンツ・サービスやトレーニング・サービスを効率的に構造化し、整理し、維持し、提供することができる。セールス・イネーブルメントのプロフェッショナルにとって学習テクノロジーは、効果的なトレーニング・サービスを手軽にアクセスできるフォーマットで提供する手段となる。さらに、これらのソリューションは、どのサービスが最も効果的なアプローチかを判断するための分析結果を提供する。

■ テクノロジー戦略を定義する

テクノロジーへの投資は大きな決定である。大規模な組織は、予算のかなりの部分を単一のシステムに費やす可能性がある。よい判断であれば、現実的な競争優位性につながるだろうが、判断を誤れば、何年もの間、生産性とパフォーマンスを阻害する恐れがある。経営層は持続的な競争優位性を求めるので、それをテクノロジーが可能にするような、堅実なセールス・イネーブルメント・テクノロジーの戦略を作成すれば、セールス・イネーブルメントは主導権を握ることができる。

セールス・イネーブルメントのニーズを定義し、組織から必要なコミットメントを得るのに役立つ三つのステップは次の通りである。

1. 不足しているテクノロジーを特定する

セールス・イネーブルメントを一つの規範として立ち上げようという段階でも、すでにセールス・イネーブルメント・テクノロジーがいくつかはあるだろう。しかし、分野ごとにギャップがある可能性も高い。たとえば、それなりのSECMシステム、いくつかの営業の数値分析やインテリジェンス機能、限定的なLMS、そしてコーチング機能はなし、といった具合に。追加投資が必要な分野をチェックし、それを憲章のロードマップの中に位置づけるべきである。

憲章にセールス・イネーブルメント・テクノロジーの現状を反映し、ロードマップに未来のニーズを位置づけることの重要性はどんなに強調してもしすぎることはない。ロードマップには将来の目標が書き込まれるが、少なくとも目標の一部については、それが達成できるかどうかは間違いなく重要なテクノロジーのサポートがあるかどうかに左右される。その戦略につい

て経営層の承認を得るには、彼らが今後どのような投資が必要か理解できるよう、計画全体を示す必要があるだろう。

2. 機能的なギャップを特定する

ある分野については高いレベルにあっても、テクノロジーの機能がニーズに十分見合っていないこともある。たとえば、SECMシステムが独立システムとなっており、現行のCRMシステムに統合できないかもしれない。あるいは、CRMシステムの方が最新のものになっておらず、SECMや学習プラットフォームその他のセールス・イネーブルメント・テクノロジーを統合できないかもしれない。セールス・イネーブルメントの取り組みを立ち上げる段階では、こうしたテクノロジーでも役立つかもしれないが、将来的には課題に対処する必要がある。

また、セールス・イネーブルメントの取り組みの効果を評価するためデータにアクセスする必要があるとしよう。もし既存のCRMシステムからデータを取得できないなら、その課題をテクノロジー戦略のロードマップに組み込む必要がある。CRMシステムにデータ収集の能力があっても、ほとんど使われていないためにデータが信頼できないなら、その問題も対処が必要であろう。セールス・イネーブルメント・テクノロジーが使いやすくなり、確実にデータ収集できるようCRMシステムと統合できれば、解決につながるであろう。

3. 投資の優先順位をつける

たいていの組織は手強いギャップをいくつか抱えている。そこで投資の優先順位をつける必要がある。憲章で設定した目標、特にパフォーマンス目標を参照すべきである。その目標達成にとって

どのテクノロジーが最も役立つだろうか?

　憲章で設定した目標同様、テクノロジーへの投資もロードマップ上に位置づけるべきである。特定のマイルストーンや目的を達成する前に機能的なギャップに対応しなければならないなら、そう書き込む必要がある。たとえば、初期目標の一つがコンテンツの検索や作成に費やす時間を短縮することであれば、CRMシステムに入力されたデータに基づいてプレイブックが自動的に生成されるようにすることが目標になるかもしれない。しかし、現行のSECMシステムに必要な機能が備わっていない場合や、CRMシステム側がそのような統合を受け付けない場合、これらの欠点を解決しなければ、その初期目標は達成できないことになる。

■ 大きく考え、小さく始める

　組織内でセールス・イネーブルメント・テクノロジーが不足しているなら、一気に片付けようという衝動は抑えるべきである。前述したように、テクノロジー・プロジェクトは高価（かつ破壊的）になる可能性がある。全体的なビジョンに基づいて、具体的なベネフィットにつながる小さめのプロジェクトから始めて、付加価値を証明した方が、サポートを得やすくなり、将来的に大規模プロジェクトの資金を獲得するのも容易になるだろう。

　特にグローバルな営業組織に影響を与えるような、大規模プロジェクトに取り組むと決めた場合は、パイロット・プロジェクトから始めることを検討すべきである。これは、営業現場の混乱を最小限に抑えるのに役立つ。さらに、個人的にベネフィットがあると実感す

れば、そのセールスは、この取り組みの熱心な擁護者となり、プロジェクトをチームの他のメンバーに本格展開する際、新しいテクノロジーと関連プロセスの導入を後押ししてくれるだろう。

　いずれにせよ、ビジョンを念頭に置いて（憲章に基づいて）、そこから逆算して動き始めるのが、テクノロジーへの投資に焦点を当て、賢明な判断をするうえで有益だろう。

第 10 章 統合的セールス・イネーブルメント・テクノロジー

検討課題

● 現行のセールス・イネーブルメント・テクノロジーはセールス・イネーブルメントの戦略やニーズをどの程度サポートしていますか？どのカテゴリーあるいは機能要件が欠けていますか？

● 現行のCRMシステムがセールス・イネーブルメントの安定的な基盤となるには、どんな弱点がありますか？

● 組織内でセールス・イネーブルメントが保持しているテクノロジーはどのようなものですか？ 他の部門が保持しているのはどのテクノロジーですか。これらのテクノロジーそれぞれに対し、どの程度上手くコラボレーションできていますか？

● セールス・イネーブルメント・テクノロジーの戦略は現実的ですか？セールス・イネーブルメントの成熟度に合っていますか？ あるいは一度に多くのことをやろうとしすぎていませんか？

すぐにやるべきこと

セールス・イネーブルメント・テクノロジーを活用してセールス・イネーブルメントをサポートするために、すぐにやるべきことをいくつか書き出してみましょう。

第11章

セールス・イネーブルメント・オペレーション

Enablement Operations

キーポイント

- セールス・イネーブルメントのオペレーションは、セールス・イネーブルメントが効率性、一貫性、拡張性を備え、ビジネスの戦略や目標との整合性を持つための支柱となる。

- セールス・イネーブルメント・オペレーションには、ガバナンス、プロダクション、アナリティクスという三つの主要構成要素がある。

- 憲章とコラボレーション・モデルがセールス・イネーブルメント・オペレーションを下支えする基盤である。

セールス・イネーブルメント・オペレーションの定義

　セールス・イネーブルメント・オペレーションは、セールス・イネーブルメント・クラリティ・モデルで最後に触れるダイヤモンド中央部の第四ファセットである（**図11.1**参照）。このファセットは、フォーマルなコラボレーションや統合的セールス・イネーブルメント・テクノロジーといったファセットと同様、ビジネスニーズの変化や営業組織の成長に柔軟に対応できる効率的かつ拡張的で効果的なセールス・イネーブルメントを構築するための構造的要件である。

　セールス・イネーブルメント・オペレーションは、よく練られ、承認された憲章が提供する堅固な基盤の上に構築され、主として三

図11.1　セールス・イネーブルメント・クラリティ・モデル

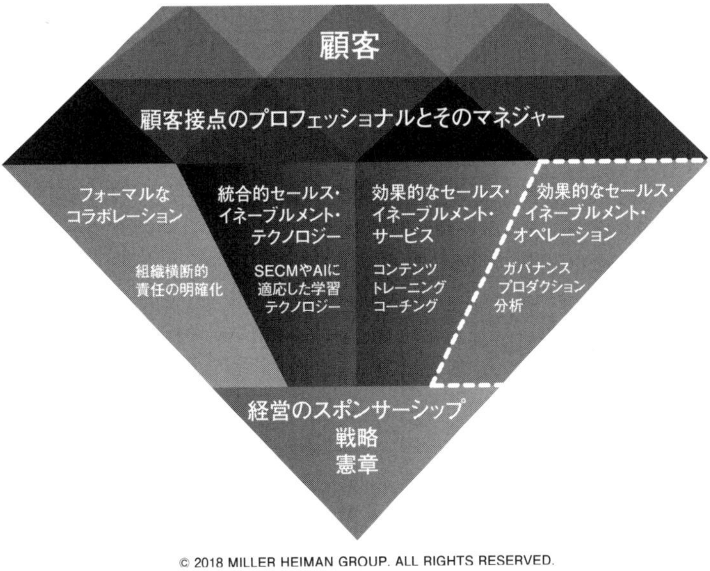

© 2018 MILLER HEIMAN GROUP. ALL RIGHTS RESERVED.

つの分野をカバーしている。

1. **セールス・イネーブルメント・ガバナンス**は、戦略的意思決定や問題解決のメカニズム、経営層が示す企業ビジョンとの関連性を保持するメカニズムを提供する。
2. **セールス・イネーブルメント・プロダクション**には、セールス・イネーブルメント・サービスの設計から作成、ローカライゼーション、展開、導入、強化まですべてのステップが含まれる。
3. **セールス・イネーブルメント・アナリティクス**は、成功をどのように測定するかに関わる。これには、セールス・イネーブルメントの活動やサービスがさまざまなKPI（重要業績指標）に対して持つインパクトを測定する指標、セールス・イネーブルメントが十分に組織横断的に機能しているかに関する指標が含まれる。

　本章ではセールス・イネーブルメント・ガバナンスとセールス・イネーブルメント・プロダクションについて詳しく見ていき、セールス・イネーブルメントの指標については第12章で取り組む。

■ セールス・イネーブルメント・ガバナンス

　セールス・イネーブルメントのガバナンス・モデルは、経営層のスポンサーと関わりを持ち、組織の戦略や目標との結びつきを保ち、戦略的課題を解決できるよう設計されている。それはまた、セールス・イネーブルメントの取り組みの進捗状況やそのビジネスへのインパクトを報告するメカニズムも提供する。効果的なセールス・イネーブルメント・ガバナンス・モデルによって、セールス・イネー

ブルメントは戦術的な機能から戦略的な規範へと転換する。それがなければ、セールス・イネーブルメントは必要なサポートとリソースを求めて常に格闘していなければならないだろう。

経営層とセールス・イネーブルメント憲章をレビューし、承認を得ることで、セールス・イネーブルメント・ガバナンスの基礎が築かれる。その後も経営層の関わりは維持しなければならない。セー

> 効果的なセールス・イネーブルメント・ガバナンス・モデルによって、セールス・イネーブルメントは戦術的な機能から戦略的な規範へと転換する。それがなければ、セールス・イネーブルメントは必要なサポートとリソースを求めて常に格闘していなければならないだろう

ルス・イネーブルメント諮問委員会の設置が、そのためのベストな方法の一つであろう。

明確にしておくべきことは、セールス・イネーブルメント諮問委員会は第9章で述べたコラボレーション・モデルとは目的を異にするということである。

コラボレーションは、効果的なセールス・イネーブルメント・サービスの作成や提供のプロセスの中で関係者と毎日一緒に作業するという意味で本質的に戦術的である。対照的に、セールス・イネーブルメント諮問委員会は本質的に戦略的であり、経営層たちで構成され、成果をどう出すのかといった細部よりも、成果そのものに重点を置いている。

諮問委員会の設置に関する指針をいくつか挙げておこう。

目的の明確化　会議で委員会のメンバーは、セールス・イネーブルメントが何をしているのか、それがどうビジネスにインパクトを与え

ているのかをよく知ることができる。セールス・イネーブルメントをよく知ることで、諮問委員会のメンバーは、会社の目的や戦略に沿った戦略的方向性をセールス・イネーブルメントに提供できるだろう。なぜ彼らがこの会議に貴重な時間を割かねばならないかわかるように、メンバー全員に対し目的を明確にすべきである。価値があるとわかれば、より率先して関わるようになるだろう。

責務の明確化　諮問委員会の主な責務は次のようなものである。
- 常にビジネス全体の戦略と、それに基づいた営業戦略をサポートするよう、長期的なセールス・イネーブルメント戦略を定義し進化させること
- 経営層の広範な関わりが必要となる戦略的意思決定を行うこと
- 憲章やコラボレーション・モデルでは解決できないような複雑な問題や争点になっていることを解決すること

経営層にフォーカス　この諮問委員会はハイレベルの意思決定を下す場であるため、戦略的・長期的な方向性を示せるメンバーが不可欠だ。戦術の細部を詰めていくようなミーティングに彼らを招いても彼らの時間の浪費である。経営層は、セールス・イネーブルメントに対して行った投資の成果を見たいと考えており、各部門長は自部門がどのように貢献しているかを知りたがっているのだから、彼らとのミーティングでは進捗状況を示すマイルストーンや指標を報告すべきである。

定期的な開催　会議の開催は四半期ごとでも毎月でもよい。ビジネスの動きや変化に基づいていることが必要だが、どれくらいの頻度で会議を行うにせよ、定期的に確実に行われるようにすべきであ

る。これは会議の開催を習慣づけ、他のことが優先されて立ち消えにならないようにするのに役立つ。

セールス・イネーブルメント諮問委員会をどう設立し活用するのか、その概要を**表11.1**に示した。

表11.1　セールス・イネーブルメント諮問委員会の設置方法

誰が	■ メンバーは5〜10名 （10名以上になると欠席されやすくなる） ■ 意思決定権を持ち、障害があれば取り除き、リソースを投入できる経営層 ■ マーケティング、営業リーダーシップ（組織構造に応じて複数必要な場合がある）、セールス・オペレーション、商品開発、人材開発、人事、IT、カスタマー・エクスペリエンス、サービス等、各部門からの代表者 ■ 参加者の大部分が戦略的かつ長期的視点を持っていること
いつ	■ セールス・イネーブルメントの進捗状況に応じて、定期的に開催。四半期ごとが最も効果的であることが多い（会議形式は文化によって異なる） ■ 可能であれば、年1回は、対面で顔を突き合わせて会議を行う努力をする（たとえば、営業キックオフに合わせて）
ヒント	■ 議題を充実させる：進行中の取り組み、憲章に照らして達成された成果の確認、進捗が遅れているアクション、今後の取り組み、フィードバックの要請、意思決定を進めるためのプロセス ■ 初回の会議で、憲章を正式に承認する ■ 細部を記載した資料を事前に送付する ■ 少なくとも四半期ごとには公式に成果報告を行うよう計画

難易度の高い問題に対して
フォーマルなガバナンス・モデルは有益である

　フォーマルなガバナンス・モデルがあることは、セールス・イネーブルメントの取り組みを軌道に乗せ、コラボレーションをスムーズに行ううえで有益である。部門間で利害の対立が生じると、コラボレーション・モデルや憲章では対処しきれないことがある。

　たとえば、再販業者のネットワークなどさまざまな営業チャネルを持つ会社を買収するとなれば、いくつか戦略的意思決定が必要になる。この新しいチャネルにセールス・イネーブルメント・サービスを提供するのか？　その場合、その対象に合わせてサービスを変更する必要があるのか、それとも自社のセールスチームと同様に扱えばよいのか？　そのチャネル組織の誰がセールス・イネーブルメントに関わる必要があるのか？　その取り組みにどんな貢献をしてくれるのか？

　これらの質問に対処していこうとすれば間違いなく、チームや部門の間に対立が生まれるだろう。チャネル・パートナーが何を必要とするか、どんなセールス・イネーブルメントが必要かに関して、買収した組織と哲学が異なる場合は特にそうである。そこで、ガバナンス・モデル、特に諮問委員会が非常に有益である。それは、両者を険悪な関係のまま放置することなく、憲章や組織の目標に即した効果的なアプローチに到達できるようサポートしてくれるだろう。

■ セールス・イネーブルメント・プロダクション

　セールス・イネーブルメントのプロダクションには、セールス・

図11.2　セールス・イネーブルメント・プロダクション・プロセス

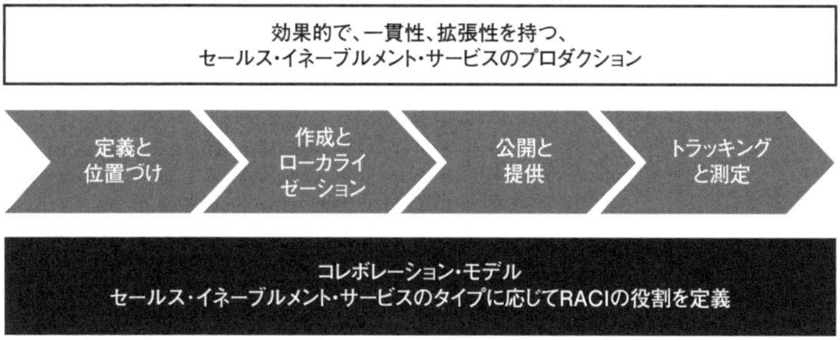

効果的で、一貫性、拡張性を持つ、
セールス・イネーブルメント・サービスのプロダクション

定義と
位置づけ
作成と
ローカライ
ゼーション
公開と
提供
トラッキング
と測定

コレボレーション・モデル
セールス・イネーブルメント・サービスのタイプに応じてRACIの役割を定義

© 2018 MILLER HEIMAN GROUP. ALL RIGHTS RESERVED.

イネーブルメント・サービスの設計から作成、ローカライゼーショ
ン、展開、分析、導入、強化まですべてのステップが含まれる（**図
11.2**参照）。セールス・イネーブルメントがこれらのすべてのステッ
プを担当するわけではないが、可能な限り効果的・効率的に実行さ
れるようにする責任がある。やはりオーケストレートしていくこと
こそが重要なミッションである。

定義と位置づけ　セールス・イネーブルメントを行うには、サービスの
　　構造（それがどのようなものであるべきか）だけでなく、サービス
　　の目的（なぜそれが必要なのか）、ターゲットとする社内外の対象
　　者、カスタマーパスのどの段階に対応しているか、統合化やロー
　　カライゼーションが必要かどうか、予想されるインパクトはどう測
　　定されるのか、といったことを定義しなければならない。また、カ
　　スタマイズ可能なプレゼンテーションなど顧客接点のサービスを設
　　計する場合は、ターゲットとする買い手側関係者の役割、カスタ
　　マーパスのどの段階に関連づけるか、ビジネス上の課題などを定
　　義する必要がある。

作成とローカライゼーション　このステップは、定義したサービスの作成に必要なすべての活動をカバーする。コラボレーション・モデルは、多くの関係者の取り組みをオーケストレートする際に、最大限に役立つ。サービスのローカライゼーションも忘れてはならない。多くの組織が、コンテンツ・サービスやトレーニング・サービスを「いつでもローカライズできる」ように作成し、各地域のチームが言語や慣習を理解してターゲットになる対象者と共有できるようにする。

　このステップを上手く実行するには、価値メッセージを適切に配置する必要がある（第8章を参照）。サービスの作成と並行して価値メッセージ・プロジェクトを実行している場合、今使っているメッセージをそのまま使うか、価値メッセージが完成し承認された時点で、再度サービスに立ち戻って差し替えるかを判断する必要があるだろう。

公開と提供　サービスは作成するだけでは不十分で、簡単にアクセスできるようにする必要がある。理想的にはCRMなどのシステムを使用して、コンテンツは簡単に検索できるべきであり、案件の基準やカスタマーパスの段階に基づいて検索ができる（あるいは自動生成される）べきだ。トレーニングにおいては、クラスルーム、ウェブベース、ハイブリッド、eラーニングとMラーニング（モバイル学習）、直近の案件をサポートするオンデマンド復習サービスなど、さまざまなトレーニング様式を考慮する必要がある。コンテンツ・サービスと同様に、トレーニング・サービスもアクセスしやすいものでなければならない。

トラッキングと測定　すべてのタイプのセールス・イネーブルメント・サービスはトラッキングされ測定される必要がある。何を測定する

のか、憲章で期待値をどう設定するのかなど、セールス・イネーブルメントの指標については第12章で詳しく論じる。

セールス・イネーブルメント・リーダーの見解

　長らくセールス・イネーブルメント分野のリーダーであり、The Sales Enablement Labの主宰者であるティエリ・ファン・ヘルウィネン氏が最近のインタビューで、セールス・イネーブルメントをプロデュースするプロセスに関する見解を示している。

定義と位置づけ

「セールス・イネーブルメント・サービスを定義するなら、何が必要とされているのか見極めるべきでしょう。これは、立ち上げの段階には新しいキャンペーンの一部かもしれませんし、毎年のコンテンツ見直しサイクルのようなガバナンス・プロセスの一部かもしれません。最も簡単な方法は、これを標準化することです。セールスチームは一貫性を大いに好むので、セールスが何を期待できるのかわかるように基準をつくってみるとよいでしょう。そのキャンペーンにとって妥当なものかどうかもチェックすべきです。すべてのコンテンツ・タイプが必要な場合もありますが、たとえば、まだ販売されていない製品にはクライアント成功事例はないので、ある種のコンテンツは意味をなさない場合もあります」

価値メッセージは
「作成とローカライゼーション」の一部である

「これは通常、最も難しい部分であり、製品・サービス・ソリューション
が多様なビジネス・ユニットに関わる場合は特にそうです。主要なステー
クホルダーを見つけ、共通のビジョンやバリュープロポジションを策定す
るとよいでしょう。次の点について合意します。誰が買い手でしょうか？
買い手が取り組もうとしているビジネス上の課題は何でしょうか？　なぜ
現行のアプローチは機能しないのでしょうか？　そのビジネス上の課題に
対処するために何を提供しなければならないでしょうか？　製品・サービ
ス・ソリューションは競合他社とどう異なるのでしょうか？　顧客が現状
を維持した場合どんなリスクがあるでしょうか？　その製品・サービス・
ソリューションを導入することで顧客はどんな結果を見込めるでしょうか？
証明が必要なのはどの点でしょうか？」

「バリュープロポジションを策定したら、今度は深く掘り下げるために、
その領域の専門家にインタビューします。それは主要なステークホルダー
かもしれませんが、通常は深い知見を持った別の専門家集団です。書式
テンプレートにしたがい、コンテンツの構築を開始するために、拡大型
の深い質問をするとよいでしょう」

作成とローカライゼーション

「次にコンテンツを作成します。バリュープロポジションを戦略・ガイダン
スとして使い、その領域の専門家の深い知見と結びつけます。そのうえ
で、主要なステークホルダーやその領域の専門家とともに、すべてのコ
ンテンツを見直し、必要ならば修正します」

第11章 セールス・イネーブルメント・オペレーション

公開と提供

「セールスがコンテンツを入手できるようにします。その後は、厳格なガバナンス・プロセスの下に置けばよいでしょう。コンテンツはすぐに陳腐化しがちです。競争状況も、外部環境も、自社のケイパビリティも変化します。少なくとも6～12ヶ月ごとにすべてのコンテンツを見直すべきでしょう」

■ ステップを踏み外さないように

セールス・イネーブルメント・プロダクションにおける最大のミスは、チームが以上のようなステップのどれかに、適切に注意を払わないときに起こる。よくある例をいくつか挙げる。

- サービスをカスタマーパスに即して位置づけていない
- 他の地域向けにローカライズする方策を講じないまま、本社地域に合わせてサービスを作成する
- 価値メッセージの最新の修正結果が通知されていない
- サービスをどう提供するか考慮していない。たとえば、コンテンツを作成しても、セールスが必要なコンテンツをどう見つけ、どう使用するかという部分を疎かにする
- 作成とローカライゼーションなど、一つのステップにおいてだけコラボレーションし、他のステップではコラボレーションできていない
- 効果の測定方法を定義せずにサービスを作成する
- サービスをさらによくしたり、ギャップを見極めるうえで、集めた指標やちょっとした話の中のフィードバックを活用しない

■ ガバナンスとプロダクションでは不十分

　我々は「成果主義」の世界を生きている。特に営業組織、あるいはセールスとやり取りする立場にある限りは必ず成果が求められる。セールス・イネーブルメントが成果を示すことができないなら、企業は投資を継続しないだろう。

　次の章では、成果を測定するための指標、つまり何をなぜ測定すべきなのか論じる。セールス・イネーブルメントのリーダーが現実的な期待値を早期に設定し、その期待と成果をセールス・イネーブルメント憲章やセールス・イネーブルメント成熟度に結びつける必要性についても触れる。

第11章 セールス・イネーブルメント・オペレーション

検討課題

● セールス・イネーブルメント諮問委員会のおかげで対処できた難しい問題にどのようなものがありますか?

● セールス・イネーブルメント諮問委員会に加わってもらうべき幹部は誰であり、なぜですか? どのくらいの頻度でミーティングを行うべきですか?

● セールス・イネーブルメント・チームはプロダクション・プロセスのどのステップのオーケストレートを得意にしていますか? どのステップについては改善が必要ですか? その改善のために取るべき行動はどのようなものですか?

● 各段階で効果的にコラボレーションするためには組織横断的なサポートを得ることが必要ですが、セールス・イネーブルメントはどうしたらそのサポートを確保できるでしょうか?

すぐにやるべきこと

セールス・イネーブルメント・オペレーションを改善するためにすぐにやるべきことをいくつか書き出してみましょう。

第12章

成果の測定

Measuring Results

キーポイント

- セールス・イネーブルメントのリーダーは、セールス・イネーブルメントの取り組みによって見込まれる成果が適切に設定されるよう憲章を作成し、セールス・イネーブルメント諮問委員会を通じて、成果を適切に管理しなければならない。

- 成果の測定に選択される指標は、セールス・イネーブルメントの成熟度に対して妥当でなければならない。

- セールス・イネーブルメントのプロフェッショナルは、客観的指標と主観的指標、先行指標と遅行指標の間でバランスを取りながら、明確なビジョンを描く必要がある。

■ 成功は測定できるのか？

　セールス・イネーブルメントの取り組みが成功しているかどう
か。これは答えるのが難しい質問かもしれない。セールス・イネー
ブルメント自体が多面的であり、多くの流動的な要素が成果に影響
を与えるうえ、明確な定義づけができない。あるいは、セールス・
イネーブルメントとしてコントロールすることが難しいものも多く
あるからだ。さらには、営業の方法論をはじめ、顧客の視点や購買
プロセス、市場など、セールス・イネーブルメントの取り組みは、
あまりにも多くの異なる領域が相互に関係し、複雑なものになって
いる。だからこそ、その取り組みと成果の間に単純な因果関係を特
定することは、不可能ではないにせよ簡単ではない。すべての流動
的な要素を考慮しなければ、データを誤って解釈してしまうことに
もなる。

　とはいえ、セールス・イネーブルメントへの投資のインパクトを
測定することは、セールス・イネーブルメントで設定される憲章や
組織の目的に見合う投資を得るための重要かつ必要なステップであ
る。もちろん最終的に、測定されたインパクトによって、セール
ス・イネーブルメントの取り組みがさらにサポートされることもあ
れば、されないこともある。実践されるセールス・イネーブルメン
トの意義が評価されることもあれば、そうならないこともあるだろ
う。しかし、適切にインパクトが測定されたデータがあれば、ビジ
ネスの成功に対するセールス・イネーブルメントの貢献を、セール
ス・イネーブルメント諮問委員会のメンバーに胸を張って報告する
ことができる。

　また、インパクトを測定する際には、測定できるからといってす
べてを手当たり次第に測ればよいというものではない。セールス・

イネーブルメント・サービスが、よりパフォーマンスにインパクト
を与える可能性のある指標に注目すべきである。その際に適切な結
果を得るためにも、セールス・イネーブルメントの取り組みによっ
て見込まれる成果を適切に設定しておくことの重要性は、いくら強
調しても足りない。果たせない約束をするほど信頼性を損なうこと
はない。もしそのような結果になれば、必要なサポートや投資は得
られなくなるだろう。

　本章では、セールス・イネーブルメントの成果をいかに測定する
か、セールス・イネーブルメント成熟度のさまざまな段階でどの指
標を使用すればよいのか、そして見込まれる成果を早期に設定する
ことがいかに重要かを論じよう。

■ 組織の売上がすべてではない

　セールス・イネーブルメントの成果を測定する方法に踏み込む前
に、よくある誤解について触れておきたい。オンライン上でのやり
取りであれクライアントとの対面であれ、セールス・イネーブルメ
ントに関しての議論になると、「セールス・イネーブルメントは結局
のところ組織の売上次第である」と繰り返しのように言われる。

　もちろん組織の売上は重要である。ほぼすべての経営層にとっ
て、最も関心がある指標は組織の売上であろう。組織の売上を上げ
ることは企業の最優先事項であり、企業がビジネスを行っている以
上は最初に見るべき指標であり、株式公開企業であれば株価を上昇
させるための指標にもなる。セールス・イネーブルメントに関する
我々の調査によれば、組織の売上の増加は過去何年にもわたってパ
フォーマンス目標のトップであり、これはセールス・イネーブルメ

ントが組織の売上にプラスの効果をもたらすことを、経営層が最も
期待していることを強く示唆している。

「セールス・イネーブルメントは、組織のケイパビリティに関す
る戦略的なビジネスケースであり、数字に直接は関係していない。
しかし、望ましい数字を達成するためのものである」

ロバート・ラシーヌ
セールス・イネーブルメント分野のリーダー

　しかし、セールス・イネーブルメントのプロフェッショナルなら
一歩引いて、「組織の売上の増加を求めているなら、そこにどう到達
するのか」と経営層に尋ねてみる必要がある。セールス・イネーブ
ルメントの観点から見れば、一足飛びに売上を唯一の重要指標とし
てしまうと、数々の取り組みやサービスがどのように売上に影響を
及ぼすのかが見えなくなってしまう。どのような指標が適切か議論
する前に、さまざまな角度から指標の問題を検討することが不可欠
である。
　もう一つ重要な点を明確にする必要がある。すなわち、セールス・
イネーブルメントの取り組みと売上との間に、直接の因果関係はな
いということである。そこにあるのは相関関係なのだ。だからこそ
本章では、売上の増加のような包括的な目標に、特別に言及するよ
うなことはしない。その代わり、売上などの最優先で期待される成
果に対し、効果的な取り組みの進捗状況をどのように測定するかに
ついて議論したい。ここでは役員室で議論されているパフォーマン
ス指標に対し、最終的に影響を与えるような指標の問題を実務的に
見ていくことにしよう。

成功は成熟度に直結する

　本書では、セールス・イネーブルメント成熟度に関して、ランダム、組織化された、拡張性がある、適応性があるといった四つの異なるレベルを設定した（**図12.1**参照）。どのように成果を定義し、その成果を測定する指標をどのように定めるのかについては、セールス・イネーブルメントの成熟度に対応している必要がある。

　ランダムなアプローチから組織化されたアプローチへの移行を目指すレベルでは、成果は進捗状況を示すマイルストーンやKPIで表される。

　この初期段階では、新しいアプローチを定義したり、新しいテクノロジーを導入したりするなど、変化を必要とするのが通常のことである。この段階で営業活動の生産性向上やパフォーマンスへのインパクトを期待したり、ましてやその成果を測定したりするのは時期尚早だろう。むしろ、セールス・イネーブルメントの成果は、最初の取り組みの進捗状況を示すマイルストーンで測定されるべきである。

　ここでは、セールス・イネーブルメント・チームはまだ自らの存

図12.1　セールス・イネーブルメント成熟度モデル

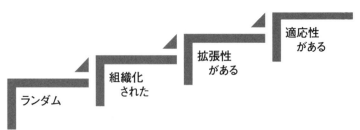

© 2018 MILLER HEIMAN GROUP. ALL RIGHTS RESERVED.

在意義を証明しようとしている段階に過ぎない。チームは限られた
リソースしか持たず、他を後回しにしても一つの分野（たとえばト
レーニング）に重点を置いているケースも多い。注目するマイルス
トーンやKPIについては、その重点を置いた分野に即したものを選
ぶべきである。

ベストプラクティス：
すでに実施されている測定の仕組みの活用

　セールス・イネーブルメントがコラボレーションをする関係部門の側に
は、行っている施策を測定する何らかの仕組みがすでに用意されている
可能性が高い。成果の測定に使うにはそこで収集されるデータで十分か
もしれないし、あるいはコラボレーションを通して取り組みを行っていく
なかで、その仕組みを強化することでさらに深いデータを収集できるよ
うになるかもしれない。

　一つの例として、人材開発で利用されることが多いカークパトリック／
フィリップス・モデルを取り上げ、このモデルがカバーするデータ収集の
五つのレベルを見てみよう。

レベル1：反応と行動計画　通常、トレーニング直後に調査が行われる。
　　このレベルでの調査は、セールスやマネジャーの学ぶ姿勢や、学
　　習することに対してどれだけ準備ができているかを判断する。調査
　　は、学習経験を通してどのようなことを学び、学んだことをどのよ
　　うに応用しようと考えたかについて、彼らの反応を集めるために実
　　施される。

255

レベル2：学習と理解度　学習したことでどの程度の効果が生じたのか、多くのケースではクイズ形式で評価される。セールスマネジャーや各セールスは、正確に学んだコンテンツの内容を思い出せるか？　自分の理解にどれだけ自信があるか？　といった質問に答える。

レベル3：応用と実践　測定のためのデータは、トレーニング後に定められたマイルストーン（たとえば30日後）において収集される。このレベルの調査では、学習によって生じた新しい行動変容や知識が仕事に活かされているかといったことや、営業活動の中で各セールスやマネジャーが実際に使いこなせているかを評価するためのデータが収集される。

レベル4：ビジネスへのインパクト　このレベルに達すると、行動の変容やスキル、営業の方法論の活用、商品知識その他の学習の成果が、案件化する転換率、営業サイクルの長さ、パイプラインのボリューム、カスタマースコアをはじめとする、ビジネスの成果に関わる主要指標と結びつけられる。このレベルの調査では、理解度が高かった参加者が実際にパフォーマンスを改善しているか？　トレーニング・サービスは主要指標にインパクトを与えているか？　といった質問がされる。

レベル5：投資利益率（ROI）　このレベルにおける測定プロジェクトはより深く踏み込んだ高度なものになり、一般的には、最もリスクの高い、あるいはビジネスの見通しなどに最も深く関与する取り組みだけを扱う。測定を行うチームは学習投資のROIを完全に定量化する。そこには、（財務的なパフォーマンスを左右する他の変数からトレーニングを分離したうえで）トレーニングに掛かるコストに

> 対し、どのような有形・無形（貨幣換算）のベネフィットがあった
> かを示す数字も含まれる。

　セールス・イネーブルメントの取り組みが拡張していくにつれ、生産性がどのように改善されているかについての測定が可能になるはずだ。セールス・イネーブルメントの拡張性とは、より少ないコストでより多くを行うことである。このレベルにまで進むと、セールス・イネーブルメントと営業チーム双方の生産性を測定することができる。

　営業では生産性指標が、インプットに対するアウトプットの改善を示す。同じ資源をインプット（投入）してより多くの製品や価値をアウトプット（創出）することは、適切な行動をより効率的に行っているかどうかに関わっている。CSO インサイトの2017年セールスベストプラクティス調査によれば、多くのセールスが営業活動に費やす時間は、労働時間全体のわずか30％以下である。このレベルでは、セールスがより営業活動に費やす時間を増やすためのサービスに注力するのが最適となる。

　また、この段階のコンテンツ・サービスに関連する KPI は、セールスがコンテンツを検索したり、自ら作成したりするのに費やす時間の短縮や、マーケティングとセールス・イネーブルメント・チームのコラボレーションを改善することによる、コンテンツ作成時間の削減などに焦点が置かれるだろう。

「セールスが目標を達成できるよう支援し、その結果として企業の売上目標達成を実現することが、我々の責任です。この目標達成に関する主要業績指標の一つは、新規採用者の育成期間に関するものですが、私たちはその期間を着実に短縮しようとしています。セールスとしての活動初日から、適切なトレーニング、コンテンツ、価値メッセージなど、カリダスクラウドで成功するために知っておくべきすべてのことを提供しているのです」

クリスティーヌ・ドリアン
Callidus Cloud社
グローバル営業&チャネル運営・営業支援担当副社長

もう一つの例を挙げよう。我々の調査において生産性目標の第2位となっているのは、新規採用したセールスの育成期間の短縮であった（**図12.2**参照）。2016年の営業パフォーマンスの最適化に関する調査では、39%のセールスマネジャーが、新規採用者がセールスとして十分に生産性を発揮できるまで、10ヶ月以上の期間を要すると回答している。実際に18%の組織では、新規採用者の育成に1年以上を必要としていた。この育成期間を1〜2ヶ月程度短縮するだけでも大幅な改善と言えるだろう。セールス・イネーブルメントが効果的な新規採用者トレーニング・プログラムを作成すれば、こうした育成の領域においてインパクトを与えることができる。もちろんそのプログラムは、新規採用者のできるだけ早い段階での育成に特化した、コンテンツ・サービスやトレーニング・サービスで構成されるだろう。

適応性が高く組織化されたセールス・イネーブルメントは、生産性の向上をパフォーマンスの向上へと結びつけることができる。

いったん生産性が向上すれば、そこにはパフォーマンス向上の

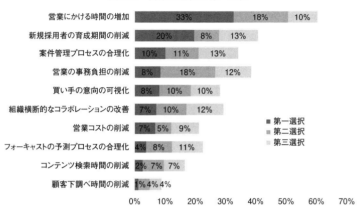

図12.2 営業生産性目標・上位

チャンスが出てくる。セールス・イネーブルメントの取り組みが、パフォーマンス目標に与えるインパクトの測定を開始するのはこのタイミングがふさわしい。KPIの例としては、売上の増加、成約率の上昇、失注率の低下、未決定率の低下、マージンの増加などがある。これらのうちどの指標を重視するかは、どの指標が組織にとって最も重要かによって決めるべきだろう。また、この段階においては、売上に重点を置いてもよいが、組織目標に結びついている他のKPIを含めることも忘れてはならない。

期待値の管理

成果をどのように測定するかを決定したら、決定事項を関係者と共有し、彼らが持つ期待値を現実的なものにしておく必要がある。期待値を明確にする作業は、セールス・イネーブルメント憲章の設

定から始まる。また、セールス・イネーブルメント諮問委員会の会議を行うごとに、その都度の結果に応じて期待値は見直されるべきである。こうした作業は、次の二つの理由から不可欠だ。

第一に、即物的な成果を得ることに焦りがちな経営層に対し、彼らが合意したセールス・イネーブルメントの憲章（統合ロードマップを含む）を思い出させる必要がある。そして第二に、進捗状況を共有することで、合意事項を忠実に果たしていることを示す必要がある。

2017年の調査で、営業のパフォーマンス目標の上位となったものを**図12.3**に示しておいた。

期待値を適切に管理するためには、セールス・イネーブルメント・サービスの導入から、パフォーマンスへのインパクトが表れるようになるまでの時間差に留意すべきである。たとえば、新しい営業の方法論や価値メッセージ・トレーニングを、関連する最新の営業コンテンツとともに導入する場合、トレーニングとその成果の間のタイムラグは、少なくとも平均営業サイクルと同じくらいの長さにな

図12.3　営業パフォーマンス目標・上位

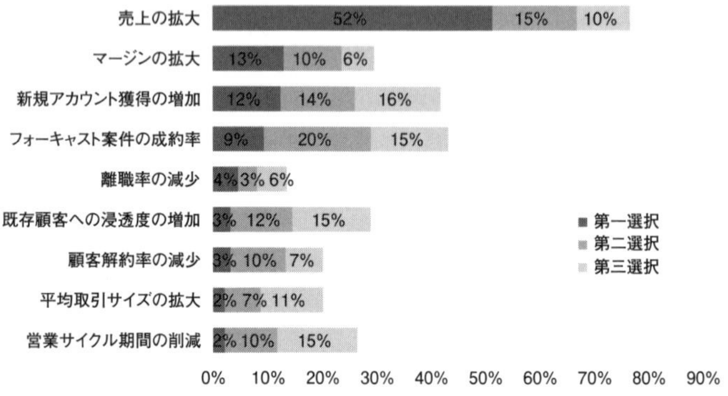

目標	第一選択	第二選択	第三選択
売上の拡大	52%	15%	10%
マージンの拡大	13%	10%	6%
新規アカウント獲得の増加	12%	14%	16%
フォーキャスト案件の成約率	9%	20%	15%
離職率の減少	4%	3%	6%
既存顧客への浸透度の増加	3%	12%	15%
顧客解約率の減少	3%	10%	7%
平均取引サイズの拡大	2%	7%	11%
営業サイクル期間の削減	2%	10%	15%

© 2018 MILLER HEIMAN GROUP. ALL RIGHTS RESERVED.

る。その組織で6ヶ月以上ファネルに留まる案件が珍しくない場合、おそらく最初の四半期は何のインパクトも見られないだろう。セールスがトレーニングで学んだことを吸収して活用できるようになるまでにも、セールスマネジャーが効果的なコーチングをできるようになるまでにも時間がかかるため、その期間はもっと長くなることさえあるかもしれない。

■ 主観的指標 対 客観的指標

　セールス・イネーブルメント・サービスに関する指標を設定する際には、アルベルト・アインシュタインの「数えられるものすべてが重要とは限らず、重要なものすべてが数えられるわけではない」というアドバイスが有益だ。

　コンピューターやアプリケーションの急速な進歩により、現在ではほとんどのことが測定できるように思える。営業組織がセールス・イネーブルメントのテクノロジーを活用して、ステージ別の転換率、成約率、平均取引サイズ、営業サイクルの長さ、アカウント売上高の平均といった客観的指標を集めることは、ますます容易になっている。しかし、セールス・イネーブルメントの取り組みにおける成功は、数えられないものによっても測定される必要がある。

　「数えられるものすべてが重要とは限らず、重要なものすべてが数
　えられるわけではない」

アルベルト・アインシュタイン

ときにはあなた自身の主観的なインプットや、ビジネスの現場で語られるさまざまなエピソードを頼りにせざるを得ない場面も少なからず出てくるだろう。この種の主観的事象のトラッキングや測定は、誰かからのフィードバックや観察されたエビデンスに基づく。たとえば、セールスはイネーブルメント・チームが提供したサービスがどの程度役立ったと言っているか？ どのサービスを最も信頼していると言っているのか？ あるいはいつそれを活用し、そのサービスのどこを気に入っているのか？ サービスを改善するにはどうすればよいと彼らは考えているのか？ また、見込み客や顧客はセールスが使用するサービスについてどう思っているのか？

客観的指標および主観的指標の例については**表12.1**を参照してほしい。

たとえば、プレイブックなどの社内のセールス・イネーブルメント・コンテンツの価値を分析することは簡単ではない。ダウンロード、クリック、ビューなどの指標では、コンテンツの価値やインパクトについては何ら明らかにならないからである。これらの指標は興味を引くかもしれないが、ときには的外れな誤解を生む可能性もあり、トラッキングする価値はそれほどないかもしれない。

それよりも営業チームと話をしてフィードバックを得ることの方が、彼らに提供されたサービスやコンテンツがどのように使用され、どのような効果があるのかを理解させてくれる。セールスが提供するコンテンツを見込み客や顧客がどう使っているのか理解しておくことは、各コンテンツの善し悪しを判断したり、特定のタイプのコンテンツをいつどのように利用すべきかといったガイダンスを提供するうえでも不可欠である。

とはいえ、セールスによって語られるエピソードからフィードバックを集める際には注意すべきことがある。サービスが特によかったり

第12章 成果の測定

表12.1 指標の例

客観的指標

活動	生産性	パフォーマンス
■ ロードマップ上のマイルストーンの達成 ■ サービスの活用（遅行） ■ コンテンツ検索時間の削減（先行）	■ 段階ごとの転換率（先行） ■ コンテンツ検索時間（先行） ■ 営業活動に費やす時間（先行） ■ 育成期間（先行） ■ 営業サイクルの長さ（遅行） ■ 顧客との面談の質（顧客調査）	■ フォーキャスト成約率（遅行） ■ 平均取引サイズ（遅行）

主観的指標

活動	生産性	パフォーマンス
■ 諮問委員会関係者との会話の中でのフィードバック	■ 前線のセールスやセールスマネジャーとの会話の中でのフィードバック	■ セールス・イネーブルメントと、パフォーマンスを結びつけているセールスによる成功事例 ■ 顧客の声に関する質的データ ■ 成約/失注に関する質的データ

悪かったりしない限り、そもそも多くの人はフィードバックをしようとしない。そのうえ、否定的と見られたくないので批判しない人や、褒めることは自分のスタイルではないという人もいる。全員からフィードバックを集めて分析しようとしても、せいぜいそのサービスが平均的にどう見えているかがわかるだけで、それではどこを

263

どのように改善する必要があるのかを知るためにはほとんど役に立たない。

だからこそ、むしろ極端な事例を取り上げて、特徴的なパターンを探した方がよいだろう。たとえば、ほとんどサービスを利用しない人と頻繁に利用する人からのフィードバックを集めるべきである。サービスをほとんど利用しない人は、特定のワーク・スタイルを持っているせいで、そのサービスにアクセスすることが難しいのかもしれない。逆に、よく利用している人は、より学習に価値を置き、サービスにアクセスしたり活用したりするための努力を惜しまないタイプの人かもしれない。

また、セールスのパフォーマンス・レベルについても考慮する必要がある。ハイパフォーマーが最も利用しているサービスはどれで、彼らはさらにどのようなサービスが必要だと思っているか? 彼らは自分の役割を果たすうえでそのサービスをどう利用しているのか? もちろん、誰もが最大限の能力を発揮できるようにセールス・イネーブルメントの取り組みはデザインされるべきである。しかし、ハイパフォーマーへのインタビューで得られたエピソードは、数値面での裏づけこそないものの、実際に何が効果的なのかをより理解する助けになるだろう。

最後に、顧客からもフィードバックを収集すべきである。たとえば、彼らが我々の営業チームとの関係をどう思っているか? 彼らは我々を優先サプライヤー以上のものとみなしているか? 営業チームが顧客の組織にもっと付加価値を提供するにはどのようなことができるのか?

■ 先行指標:早期警告システム

　売上やブッキング、そして成約/失注率。企業が成果をどのように測定しようとも、これらの指標には共通の特性がある。それは、あくまでも過去を測定していることである。したがって実際にその結果が測定されたタイミングでは、もはや何らかの措置を講じるには遅すぎるということである。

> **実際にその結果が測定されたタイミングでは、もはや何らかの措置を講じるには遅すぎる**

　あまりにも多くの営業組織が過去のパフォーマンスに焦点を当てている。そうした過去を測る指標は経営層にとっては役立つかもしれないが、特にビジネスの最前線で未来の結果をどうにかして改善することを期待されるセールスマネジャーにとっては、適切なアプローチとは言えない。また、セールス・イネーブルメントは、これからのパフォーマンスに関わるような能力を育成するためのサービスを開発しているのだから、彼らにとっても適切ではない。

　絶え間なく変化する営業環境では、セールス・イネーブルメントのリーダーやセールスマネジャーは、自らの取り組みによってどのような結果が見込まれるかについてのシグナルを、ときにはそれが出る何ヶ月も前に読み取らなければならない。また、その取り組みに軌道修正が必要になった場合などには、それを知らせてくれる早期警告システムも必要とする。そうしたケースにおいては、先行指標と呼ばれる指標が役立つだろう。

　たとえば転換率は、将来のパフォーマンス予測に役立つ先行指標

の好例である。転換率は、リードが案件に転換される割合を測定することができるうえ、リードや案件の異なる段階に応じた転換の割合を測定するためにも使用できる。

　また、先行指標はさまざまな方法で測定することができるので、組織のニーズや目標に合わせて指標を柔軟に調整することができる。たとえば転換率は、量、価値、速度に応じて測定することも可能だ。

- **量**：特定の時間枠の中で案件に転換したリードの数
- **価値**：特定の時間枠の中で、案件に転換したリードの金銭的価値（使用する通貨価値で測られる）
- **速度**：リードを案件に転換する速度（典型的には、日または週などの時間単位で測定される）

　転換率をどのように測定するかに関わらず、営業プロセスの各段階で転換率が高いほど、将来的な売上や収益の増加につながるはずである。

　ここでは、考慮すべき先行指標の例を他にもいくつか示しておく。

- 最初のコンタクトが次の面談につながる割合
- 面談までにコンタクトを何度試みる必要があるか
- マーケティングが認定したリードのうちセールスが承認したリードの割合
- メールの返信率
- 見込み客や顧客に提供したコンテンツの開封率
- 顧客が次の購買フェーズに進む転換率
- セールスマネジャーによるセールスの能力の評価

どの先行指標をトラッキングするかを決定する際は、それぞれの
セールス・イネーブルメント成熟度に適した指標を選択することを忘
れてはならない。指標についての議論を始める際に述べたように、
まだセールス・イネーブルメントを組織化しようとしている初期の
段階では、指標の数はおそらく比較的少なくなるはずだ。

その段階では、指標よりもマイルストーンに重点が置かれる。そ
してセールス・イネーブルメントが成熟するにつれて、転換率をは
じめとする結果に直接的に関連する先行指標のトラッキングが始ま
るだろう。そしてセールス・イネーブルメントの取り組みがより成
熟する頃には、客観的指標によって、どの先行指標がどのようにし
て結果に結びついていくのかがわかるようになる。

■ 指標の設定に関する最後のアドバイス

セールス・イネーブルメント成熟度の各段階であれもこれも分析
しすぎると、かえって物事が見えにくくなってしまうこともよくあ
る。測定の範囲を手に負えるものに限定し、どのようなことを何の
ために測定しているのかをきちん説明できなければならない。

忘れてはならないのは、測定された結果はいずれ諮問委員会に報
告する必要があるということだ。実施することに意味があり、セー
ルス・イネーブルメントの成熟度に適切に対応し、さらには無駄な
労力をかけすぎずに測定できるかも確認しておくべきである。

また、あらゆる指標は同様に重要な個々の役割を持ち、そうした
役割に応じてダッシュボードを用意しておくことは、セールス・イ
ネーブルメントのリーダーが、特に新しいアプローチを試行する際な
どに、そこで提供するサービスが持つインパクトを把握するために

役立つ。たとえば、営業チームと協働して新たな価値メッセージを試行するとしよう。あなたはセールスマネジャーと協力して、個々のセールスが新たな価値メッセージを適切に理解し、現場で上手く使えているかどうかを評価する作業を実施することになるだろう。

そうしたケースでは価値メッセージの改訂だけでなく、関連するコーチング・サービスやトレーニングの追加といった、他のサービスが必要かどうかも検討することになる。その際、転換率をトラッキングするダッシュボードがあれば、何が効果的で何が効果的でないかを早期に把握できる。つまり、アプローチを調整するために、営業サイクルが一巡するのを待つ必要がなくなるわけだ。

セールス・オペレーションの人達と連携し、ターゲットと見定めたセールスマネジャーなどを対象に、職務の特性に合わせたパフォーマンス・マネジメントに役立つ早期指標を備えたダッシュボードを用意するべきだろう。経営層は過去の結果を見れば十分かもしれないが、前線のセールスマネジャーにすれば、まだ改善できる時間的な可能性が残っている段階で、どのような結果が見込まれるかを示す指標が必要であることは理解しておくべきである。

この章の最後になるが、現実的な期待値をベースにして、セールス・イネーブルメントの規範を構築すべきであることも忘れてはならない。セールス・イネーブルメントが持つインパクトは、短期的ではなく長期的にもたらされるものであり、取り組みの成果をどのように測定するかは成熟段階によって異なる。憲章の作成とともに期待の設定が始まり、セールス・イネーブルメント諮問委員会と会議を行う度に、そのプロセスは繰り返し続くのである。

「個々の取り組みによってもたらされるインパクトだけを分離して取り出すことは困難です。むしろさまざまな要因の組み合わせが結果の改善を促しているのです。たとえば、予測指標を使って抽出した好成績者を集めて、チームを構成することはできます。しかし、そのチームをサポートするマネジャーのスキルが不足していれば、望むような効果は得られません。

ですから、私が見ることにしているのは、『マクロ』指標と自らが呼ぶものです。最も重要なパフォーマンス指標は生産性の向上でしょう。

たとえば、売上、国の数、セールスの数が最も多いカリブ地域で、最大限のセールス・イネーブルメントの取り組みを行った結果、2017年上半期のセールスの生産性は、2016年上半期から37％も向上しました。これは、2015年から2016年までの大きな伸びとほぼ同程度です。しかしやはり、何か一つの取組みによってこうした目覚ましいパフォーマンスの改善が生じたとか、さまざまな取り組みの一つひとつがどの程度貢献したのかを明確に配分することはできません。とはいえ、このセールス・イネーブルメント・プログラムのポートフォリオの組み合わせが上手く作用した結果が改善につながったと自信を持って言えます。

もちろん、その他にもモニターしている指標はたくさんあります。セールス・イネーブルメントの取り組みが結果に与えるインパクトは先行指標や遅行指標として示されています。そのすべても前年比で好調に推移しています。平均取引サイズは引き続き拡大し、セールスが単に商品だけでなく包括的なソリューションを、より効果的に訴求しながら営業する能力を伸ばしていることを示しています。フォーキャストの精度も向上し続け、セールスの生産性がますます予

測可能で一貫性を持つようにもなっています。売上目標を達成するセールスの数も着実に増加し続けており、全体的な成果が一部の成績優秀者に依存しなくなってきていることを示しています。また、成約率も改善を続けており、これは案件にうまく優先順位をつけ、営業サイクルをより効果的に管理できていることを証明しています。

　各マーケットで指揮を取るセールスのリーダーは、こうした指標やレポートのすべてを踏まえ、それに基づいて行動しています。ハイレベルな営業KPIレポートについては、経営層にも届けています。さらに、全体的な営業結果は少なくとも四半期ごとに、CEOを含む経営層が行うコーポレート・コマーシャル・レビューの一部として検討されています」

ボリス・クルック

Cable & Wireless Communications社
営業運営担当副社長

第 12 章　成果の測定

検討課題

● 成果はどのように定義され、それをどのように測定していますか？使用している指標はセールス・イネーブルメントの成熟度レベルに対応していますか？

● 主観的／客観的指標や先行／遅行指標のバランスを改善するにはどのようにすればよいでしょうか？

● 現在、測定していない事柄を測定するために、どのような指標を用いるべきでしょうか？

● 組織やビジネスの主要なステークホルダーや経営層とともに、期待値を適切に設定できていますか？

すぐにやるべきこと

現在のセールス・イネーブルメントの成熟度において、測定しておくべき適切な先行指標をいくつか書き出してみましょう。

第5部

ここからどこへ
向かうのか

Where to Go from Here

第5部は、いわば飛行機を着陸させるパートである。ここでは、セールス・イネーブルメントの旅路を次にどこへ進めるべきかといった方向性を与え、あなたが目的地になるべく早く到達できるようにお手伝いしていこう。

まず第13章では、セールス・イネーブルメントの包括的な成熟度モデル（The Sales Force Enablement Maturity Model）を示し、それを実際にどのように活用するかについての議論を掘り下げる。このフレームワークは、一歩引いた視点からセールス・イネーブルメントの取り組みを俯瞰できるようにするためのものである。現時点での取り組みがどのあたりにあって、この先どこに向かうべきなのか？　これは、とりわけセールス・イネーブルメントの取り組みが次のフェーズに移行する際などに、何から取り掛かればいいのかを教えてくれる重要なガイダンスとなるだろう。これまでの章で、セールス・イネーブルメントの取り組みがどれだけ広範かつ多岐にわたるかを概説してきた。しかし、それらのすべてを行うことは、現実的には不可能だ。そこで第13章では、優先順位を決めるという難しい決断をサポートする。

そして第14章では、あなたが今すぐに行動する必要があることを、未来に目を向けて示していく。今も顧客は刻一刻と変化しているが、そうした変化は今後生じることの一端にすぎない。売買サイクルや顧客接点にある者の役割、さらには優秀なセールスのプロファイルなどにも、おそらく急激な変化が起きるだろう。

これらの変化のインパクトが広範囲に及ぶ時代にあって、セールス・イネーブルメントの担当者は組織戦略のオーケストレーターとして、さまざまな変化への対応をコーディネートするというユニークな立場にいる。

大きく変化する未来はそう遠くはない。だからこそセールス・

イネーブルメントは、すぐそこにある未来に向けて先導的な役割を
果たす必要があるのだ。

第**13**章

セールス・イネーブルメント成熟度
現状を把握し、進化させるために
**Enablement Maturity:
Where Are You Now and
How Can You Evolve Your Practice?**

キーポイント

■ セールス・イネーブルメントの成熟度を進化させるためには、現状
をありのままに評価する必要がある。

■ セールス・イネーブルメントのあり方は、当然ながらそれぞれの組
織で異なるものである。自社がどのようなビジネスの背景を持って
いるかを踏まえておくと、どのレベルのセールス・イネーブルメン
ト成熟度を目標にすべきかを決定するうえで役立つ。

■ セールス・イネーブルメントの成熟度を上げるには、セールス・イ
ネーブルメント・モデルにおけるギャップを一つひとつ順序立てて
埋めていく系統的なアプローチが必要である。

本書をここまで読み進めてくれた読者は、セールス・イネーブルメントについて多くのことを学び、自社の状況や自らが置かれた状況において、まず何をすべきかを考え始めていることだろう。ここからは、そうした検討材料をまとめあげ、前進させるためのアプローチについて説明しよう。本章では、自社の現在のセールス・イネーブルメント成熟度を評価し、取るべき行動に焦点が絞れるようサポートするための成熟度モデルを提示する。

この成熟度モデルの詳細な説明をする前に、あなたが実際に自社のセールス・イネーブルメントの成熟度を評価する際に役立つ二つのことに触れておこう。

1. **出発点となる現状を評価することが不可欠である**。現在、自分がどこにいるかをはっきりと理解できて初めて、未来への道のりが見える。現状に正しいも間違いもなく、あなたの現状があるだけだ。重要なのはそれだけなので、評価は率直に行うべきである。

   総合的に見れば、ワールドクラスのセールス・イネーブルメントを目指すのは非現実的であろう。あらゆる組織は、最も低い成熟度、つまりセールス・イネーブルメントが全く整っていないという地点から出発する。あるいは、あなたはすでにいくらかの時間をかけてセールス・イネーブルメントを整えようとしてきたかもしれない。だとすれば、その努力の成果を示すことは重要である。

   しかし、進捗度を誇張したくなる誘惑には気をつけるべきだろう。上手くいっていないことを理解することこそが、最良の学習かもしれない。改善点は常に存在する。セールス・イネーブルメントを成熟させる歩みを始めるうえで最も重要なことは、現状を受け入れることである。

2. **目的地を設定する際、理想の成熟度は必ずしも最も成熟したレベルとは限らないと考えるべきである。むしろ、セールス・イネーブルメントの成熟度がどのレベルに達すると理想的なのかは、それぞれの組織が置かれた状況に依存する**。たとえば、主にオンラインでコモディティ化した製品を販売する組織では、サービス担当者がセールス・イネーブルメント・サービスのターゲットになるだろう。ビジネスの刷新に最大の影響を及ぼすのは彼らであり、カスタマーパスにおいてセールス・イネーブルメントの軸となるのは導入フェーズだ。そうしたケースでは、組織化されたレベルのセールス・イネーブルメントがあれば十分かもしれない。

一方で、非常に複雑なサービスを提供し、営業サイクルも長く、新規顧客への依存度が高い場合、カスタマーパスにコンテンツを合わせたり、マーケティングと営業をつなぐことができる、拡張性があるセールス・イネーブルメントの成熟度レベルが少なくとも必要になる。つまり、どの組織もそれぞれに、セールス・イネーブルメントにおいては非常に異なるアプローチを持ち、理想とされる状態も異なる。

> 目的地を設定する際、理想の成熟度は必ずしも最も成熟したレベルとは限らないと考えるべきである。むしろ、セールス・イネーブルメントの成熟度がどのレベルに達すると理想的なのかは、それぞれの組織が置かれた状況に依存する

セールス・イネーブルメントの成熟度モデルは、あなたの努力を称賛したり非難したりするためのものではなく、単純に今後の行動の優先順位を決める手段として使われるべきである。本書で議論してきたように、セールス・イネーブルメントがオーケストレートし

図13.1　セールス・イネーブルメントの成熟度モデル

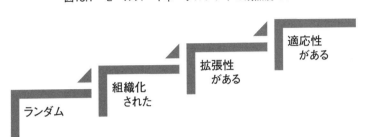

© 2018 MILLER HEIMAN GROUP. ALL RIGHTS RESERVED.

得る取り組みは無数にある。しかし、無制限の予算を持っている組織などない。したがって、取り組みに優先順位をつけて焦点を絞ることが常に必要になる。

　この本で論じてきた他の成熟度モデルとの整合性を図るため、包括的セールス・イネーブルメント成熟度モデル（overarching enablement maturity model）は、ランダム、組織化された、拡張性がある、適応性があるの四つのレベルで構成されている（**図13.1**参照）。あなたのチームや組織がどのレベルにあるかを判断できるよう、各レベルについてクラリティ・モデルの詳細を説明しよう。以下の説明のどれが、あなたのセールス・イネーブルメントの現状に最もよく当てはまるかを考えてみてほしい。

ランダム
セールス・イネーブルメントは存在しない

　ほとんどの組織はこのレベルからスタートする。トレーニング・プログラムやコンテンツの作成といった個々の取り組み自体はなされ

ており、それらを本格的なセールス・イネーブルメントに成長させたいと考えている段階である。こうしたセールス・イネーブルメントを成熟させるための道のりを歩み始めた段階では、クラリティ・モデルにおける各ファセットは次のように説明できるだろう。

デザイン・ポイントとしての顧客　セールス・イネーブルメントをどう設計すべきかに関して、明確なデザイン・ポイントはまだ存在しない。この段階でそれが生まれるとしたら、カスタマーパスからではなく、個別の施策からである。

戦略、憲章、スポンサーシップ　生産性やパフォーマンス上の問題に対応するための場当たり的な取り組みか、プロジェクトごとの取り組みがなされる。そうした取り組みに経営層レベルのスポンサーシップはなく、部門レベルに留まる。憲章は設定されておらず戦略も欠如しているため、このレベルのセールス・イネーブルメントは、運用上の特定の課題を解決するための戦術的武器としかみなされていない。

対象となる顧客接点にある者やそのマネジャー　ターゲットとなる対象者についての組織としての公式な定義は存在せず、せいぜいプロジェクトごとに特定されているに過ぎない。たとえば、戦略的アカウント・マネジャーのために交渉プログラムを外部から購入するケースなどは、このレベルにおいてよく見られる。

セールス・イネーブルメント・サービス　さまざまな部門で営業部門を支援するための多様なサービスが作成されているが、それらの間で調整は行われていない。サービスはそのまま営業チームに丸

投げされることが多く、統合された包括的な導入アプローチを介して調整されることはない。

フォーマルなコラボレーション　組織横断的で協働的な取り組みを行うためのフォーマルなアプローチは存在しない。コラボレーションが必要になったとしても、たとえば「今日のロールプレイで使う最新の販促資料がきちんと届くよう、誰かマーケティングへ電話してくれ」といった、担当者レベルの場当たり的なアプローチに留まる。

統合的テクノロジー　セールス・イネーブルメント・テクノロジーは、さまざまな部門がセールスをどうサポートするべきか、それぞれの立場から考えて実施するポイント・ソリューションに基づいている。その結果としてセールスは、手作業で繰り返し複数のシステムにログインしてデータを入力するよう要求されることになる。

セールス・イネーブルメント・オペレーション　セールス・イネーブルメントの支柱となる一貫性のあるオペレーションは、ランダムなアプローチでは存在しない。そのためそれぞれの取り組みは、プロジェクトごとにまた一からやり直されることになる。

組織化された
セールス・イネーブルメントは限定的に存在する

　成熟度がこのレベルに達すれば、ランダム・アプローチよりもはるかに組織化されたアプローチがなされるようになる。ここでは、セールス・イネーブルメントの範囲に関する実践的な理解と共通の捉

え方があり、個々の取り組みが結びつけられているが、それを実行するのはまだ一つの部門に留まっている。また、多くの場合、サービスは一つの分野（コンテンツやトレーニング）から始まるが、そうしたサービスの範囲や影響を拡大していけるように基盤整備がされていく段階でもある。

デザイン・ポイントとしての顧客　顧客にしっかりと目が向けられている。しかし、マーケティング、営業、サービスなどの社内プロセスは、顧客の課題を基にしているのではなく、主に自社の商品主導であり、しばしば社内から社外へ向けて設計される。

戦略、憲章、スポンサーシップ　セールス・イネーブルメントに関して組織化されたインフォーマルなビジョンを持つが、より拡張性がありフォーマルな憲章ほどは細部が詰められていない。セールス・イネーブルメントに対するスポンサーシップは、部門を越えて複数の経営幹部が取るというよりは、たいてい一人の幹部に集中する。また、アプローチは単一の部門かビジネス・ユニットに限定されがちである。

対象となる顧客接点にある者やそのマネジャー　イネーブルメント・サービスの対象となるのは通常、セールスのみである。

セールス・イネーブルメント・サービス　成熟度がこのレベルにある場合、トレーニングやコンテンツといった一つの領域に集中することから取り組みはスタートするが、ランダムなレベルとは異なり、提供されるそれぞれのサービスの整合性と一貫性をいかに確保するかを考慮している。たとえば、すべてのトレーニングが一つの統

合されたカリキュラムにまとめられたり、すべてのコンテンツが一つの知識体系にまとめられたりする。

フォーマルなコラボレーション　このレベルでは組織横断のコラボレーションが意識的に行われる。それらは組織化されたアプローチに基づいており、たとえば個別のプロジェクトや取り組みを統合し、より効率的かつ効果的にサービスを提供するためにはどうすればよいかといったアイデアを持っている。

統合的テクノロジー　このレベルでは依然としてポイント・ソリューションに焦点を当てている。しかし、これらのソリューションは、セールス個人の観点からではなく、部門の観点からアプローチされている。またこのレベルでは、ワークフローへのアクセスにも重点が置かれており、必要に応じてポイント・ソリューションごとにモバイル・アクセスを提供している。

セールス・イネーブルメント・オペレーション　先に定義したようなセールス・イネーブルメント・オペレーションは、このレベルのアプローチには存在しない。しかし、反復可能なプロセスはいくつか存在する可能性がある。たとえば、新商品のローンチを取り仕切る標準的な方法などはあるかもしれない。

拡張性がある
セールス・イネーブルメントは包括性を持ち調整・統合される

この成熟度レベルでのセールス・イネーブルメントの取り組みは、

一つの分野を組織化するレベルから次のレベルへと進み、すべての
イネーブルメント・サービスを網羅し、カスタマーパスを主たるデ
ザイン・ポイントとする統合的なアプローチとなる。

デザイン・ポイントとしての顧客　カスタマーパスが主たるデザイン・
　　ポイントとなる。マーケティングから営業、サービスにいたる既存
　　の社内プロセスは統合され、組織的かつ拡張性のあるレベルでカ
　　スタマーパスに連動している。

戦略、憲章、スポンサーシップ　組織のビジネス戦略は、営業戦略と
　　現在のパフォーマンス・レベルに合わせて構造化され、プロセスに
　　基づいた組織的なビジョンが設定されている。特定のセールス・
　　イネーブルメントの目標やそれに関連するイネーブルメント・サー
　　ビスが定義されている。また、目標にどのように到達するかを説明
　　するロードマップも作成されている。その詳細はすべて、セール
　　ス・イネーブルメント憲章において公式に記載され、関係するすべ
　　ての経営層によって承認されている。

対象となる顧客接点にある者とそのマネジャー　主な対象者は各セー
　　ルスとそのマネジャーである。しかし、ときには関連サービスの提
　　供担当者など、顧客と接点を持つすべての担当者が対象に含まれ
　　ることもあり、彼らも「セールス」とみなされている。

セールス・イネーブルメント・サービス　この成熟度レベルにあるセー
　　ルス・イネーブルメントは、包括的な価値メッセージ・アプロー
　　チによって、より調整・統合されたセールス・イネーブルメント・
　　サービスを提供する。セールスマネジャーもサービスの対象であ

り、トレーニング、コンテンツ、ツールで構成されるコーチング・サービスも、イネーブルメント・サービスのポートフォリオの一部となっている。

フォーマルなコラボレーション　コラボレーションする関係者やその目標が明確に定義され、積極的なコミュニケーションが取られる。また、それぞれのイネーブルメント・サービスに対して責任を負う担当者が定義されているため、どのような立場の人に情報の提供や相談をすればいいのかも明確になっている。

統合的テクノロジー　このレベルでは、CRMシステムがすべてのセールス・イネーブルメント・テクノロジーの軸となる。セールス・イネーブルメントの独自コンテンツのソリューションやセールスのための学習プログラム、コーチング・ツールはCRMシステムに統合され、ターゲットとなる対象者はそれだけですべてが事足りるようになる。結果、CRMシステムはますます利用されるようになり、そのデータの精度も大きく向上する。

セールス・イネーブルメント・オペレーション　セールス・イネーブルメント・オペレーションのプロセスが存在する。理想としては、諮問委員会や確立された明確なガバナンス・プロトコルに経営層は関与し続け、憲章がセールス・イネーブルメントの規範に基づく取り組みの基盤として活かされる。さらに、イネーブルメント・サービスが生まれるプロセスについても明確な設定がされ、各サービスの定義や設計からコンテンツの作成、ローカライゼーション、公開、効果のトラッキングに至るイネーブルメント・サービスを提供するために必要な一連の活動が明確になっている。またこの成

熟度レベルでは、進捗状況やインパクトを測定する一連の先行指標や遅行指標も定義されている。

適応性がある
セールス・イネーブルメントはダイナミックなものになり、カスタマー・エクスペリエンス（顧客体験価値）中心で動く

セールス・イネーブルメントは拡張性があるレベルから適応性があるレベルへと成熟し、諸分野の組織化に留まらず、すべてのセールス・イネーブルメント・サービスを網羅する統合的なアプローチへと進化する。また卓越したカスタマー・エクスペリエンス（顧客体験価値）を創出するために、カスタマーパスの見方を絶えず洗練していくことがデザイン・ポイントとなる。

デザイン・ポイントとしての顧客　拡張性がある成熟度レベルでは、カスタマーパスが主たるデザイン・ポイントであったが、この適応性があるレベルになると、社内プロセスをカスタマーパスに合わせるのではなく、カスタマーパスから社内プロセスが導き出されるようになる。サービスやインフラストラクチャーは顧客（その進路やフィードバックなど）の変化に合わせて調整し続けられるため、絶えず再検討され洗練されていく。また、このレベルではカスタマーパスを活用して、卓越したカスタマー・エクスペリエンスが提供される。

戦略、憲章、スポンサーシップ　拡張性がある成熟度レベルのセールス・イネーブルメントで見られる、これらに関連する要素はそのま

ま保持される。加えて、さまざまな部門の経営層からなる諮問委員会が完全に機能する。また、このレベルでのセールス・イネーブルメントは、CEO、最高売上責任者、カスタマー・エクスペリエンス最高責任者など、長期戦略にフォーカスしている最高レベルの幹部が直接管掌する。

対象となる顧客接点にある者とそのマネジャー　セールス・イネーブルメントで支援される対象は、カスタマー・エクスペリエンスの観点から顧客に対応しているすべての担当者（そのマネジャーも含む）となり、カスタマー・サービスやカスタマー・サクセスの担当者、サービスマネジャーにも、セールスやセールスマネジャーと同じレベルのフォーカスが向けられる。このレベルにあるセールス・イネーブルメントの主な目的は、優れたカスタマー・エクスペリエンスを生み出すことであるが、結果的に売上もアップし、利益も期待値通りのものとなる。

セールス・イネーブルメント・サービス　拡張性があるレベルのセールス・イネーブルメントのすべてのサービスが取り込まれ、統合された価値メッセージに合わせて調整される。成熟度がこの適応性のあるレベルに達すると、購買フェーズだけでなく、カスタマーパス全体に焦点が当てられるようになる。たとえば、導入フェーズでサービス担当者が提供する価値確認のメッセージに注目することで、既存のアカウントの更新や拡大を確実なものにする。

フォーマルなコラボレーション　コラボレーションについては拡張性があるレベルでの説明と同様の形で生じる。違いは、最高レベルのセールス・イネーブルメント成熟度では、組織横断的に構成さ

れるセールス・イネーブルメント・チームの一員であることが組織内でステータスとなり、積極的な参加が見込まれるようになる。

　セールス・イネーブルメントのリーダーは、（自分からアイデアを売り込まなくても）さまざまな部門の担当者からチームに加えてくれと求められるようになる。また、より拡大したセールス・イネーブルメントの一員として配属されることは、キャリアアップを意味し、昇進の見込みも高まる。経営層など組織を率いるリーダーたちは、ここでのコラボレーションを広範な領域への適応性のあるアプローチとみなし、単なるソフト・ファクターではなく、望ましいカスタマー・エクスペリエンスを創出するための必須の成功要因とみなしている。

統合的テクノロジー　ソリューションは拡張性があるレベルで説明したような形でCRMシステムに統合されている。加えて、組織はAI（人工知能）などを活用し、セールスが営業活動に割ける時間を増やし、マネジャーがコーチングできるよう指導し、個々の営業努力を最高の成果が見込まれる行動へと導いていく。

セールス・イネーブルメント・オペレーション　オペレーションも拡張性があるレベルでの説明と同様に、明確に定義され基盤として活用される。加えて、先行指標だけでなく、カスタマーパスやカスタマー・エクスペリエンスの目標から導かれる指標にも強く焦点が当てられる。このレベルのセールス・イネーブルメントの担当者は、ダッシュボードをトラッキングし、セールス・イネーブルメントがパフォーマンスに与えるインパクトを定量化することができるうえ、規範とその取り組みを拡張した場合のROIを明確に算出し、生産性や有効性の向上を金銭的利益へと変換することもできる。

また、多くの取り組みを絶えず調整・統合して効率的に統括できるセールス・イネーブルメントへとさらにレベルアップできるよう、詳細なフィードバックを受け、素早く成長するための明確なプロダクション・プロセスがある。

■ 自己評価に基づいて行動する

重要なことは、クラリティ・モデルのそれぞれのファセットのすべてが同じレベルにあることはまずないということである。たとえば、セールス・イネーブルメント・テクノロジーがCRMシステムに十分に統合されていて、拡張性があるレベルの成熟度にあっても、同時にコラボレーションの性質自体は組織化されたレベルにあるということもある。

まずは各レベルを全般的に見わたして、あなたのチームや組織の現状に最も近いのはどのレベルかを考えてみよう。次に、各ファセットの間にあるレベルのギャップを埋めることを検討してほしい。たとえば、全体的な成熟度はほぼ拡張性があるレベルにあるが、コラボレーションは組織化されたレベルにあれば、下位にあるファセットの向上に優先的に取り組むべきであろう。そして全体がある一定のレベルに達したなら、次のレベルへの移行に取り掛かるといい。

成熟度を向上させて次のレベルへと移行させるために必要なのは、革命ではなく進化である。そのレベルと次のレベルの主たる違いは、サービス自体の幅と深さ、それらのサービスの統合度と連携度、それらのサービスやコンテンツ、コラボレーションを創出・提供するためのインフラストラクチャーがどれだけきちんと整備されているかに関わる。

289

だからこそ、それぞれをバラバラに変化させるのではなく、系統的かつ組織的に変化を引き起こしていく必要がある。新しいプレイブックやトレーニング・プログラム、コーチング・プログラムを提案すれば、営業組織としては活動量を増やすことになるが、それよりもまずは既存のサービスを整理し、将来のサービスの基礎となる価値メッセージのフレームワークを構築する方が役に立つはずだ。

表13.1に示す例では、セールス・イネーブルメントの各ファセットのほとんどが組織化されたレベルにあり、一部の要素が拡張性があるレベル、別の一部の要素がランダムなレベルにある。このチームが取るべき最善のアプローチは、まずテクノロジーとオペレーションで他のファセットとのギャップを埋めることだろう。

表13.1　成熟度評価の例

	ランダム	組織化された	拡張性がある	適応性がある
顧客		✓		
対象者			✓	
戦略、憲章、スポンサーシップ		✓		
セールス・イネーブルメント・サービス		✓		
コラボレーション		✓		
テクノロジー	✓			
オペレーション	✓			

それぞれのビジネスの文脈に応じて、たとえばグローバルかつ専門的なサービスを提供する企業だとすれば、その組織が拡張性のある成熟度レベルを目標とするのは理にかなっている。

セールス・イネーブルメントの成熟度レベルを上げたいと考えるなら、憲章の作成に取り組むことから始めるといいだろう。憲章を作成するために考える（あるいは、そのために他部門とコラボレーションをする）プロセスは、定義上、クラリティ・モデルのすべてのファセットを向上させることに役立つ。

検討課題

● あなたの組織のセールス・イネーブルメントの成熟度はどのレベルですか？

● あなたの組織のセールス・イネーブルメント成熟度を評価するために、話を聞いた方がよい人は誰ですか？

● あなたの組織のセールス・イネーブルメントにとって、現実的な目標はどのレベルですか？　また、より野心的な目標は？

すぐにやるべきこと

セールス・イネーブルメントの専門家のサイト
（https://www.millerheimangroup.com/salesenablementguidebook）
にアクセスし、あなたの組織の成熟度をより詳細に評価するための評価ツールをダウンロードしてみましょう。

第14章

これからの営業
The Future of Selling Starts Now

キーポイント

- 売買サイクルや顧客接点にある担当者の役割、優秀なセールスのプロファイルなどが劇的に変化すると予測される。そうした変化に即座に対応できるよう営業組織をサポートすることが、セールス・イネーブルメントのカギとなる。

- そのような変化は将来的なものではあるが、変化にどのように対応するかについて今すぐ計画を開始する必要がある。たとえば、AIはさらに学習を進め、より広範な領域に適応するだろう。これはCRMシステムの導入に要した数十年よりも、ずっと早くビジネス環境に変化が起きることを意味する。

- セールス・イネーブルメントの担当者は全体の価値を高める「オーケストレーター」という立場にあり、営業組織が将来の課題に備えるだけでなく、新しいチャンスを活用できるようサポートできるユニークな立場にいる。

第 14 章 これからの営業

■ 未来を拓くセールス・イネーブルメント

　これまで、あなたの組織にはまだやるべき仕事が多く潜んでいることについて述べて来た。しかし、セールス・イネーブルメントの取り組みを始め、取り組みを拡張しつつあるならば、未来に目を向けておくことにも大きな価値がある。テクノロジーの進歩が加速し、顧客からの要求が飛躍的に増大する中で、営業も急速に変化している。何を、誰に、どうやって営業するのか（誰が営業するのかさえも）といったすべてが、大きく転換するだろう。そもそも営業とは何なのか、まさにそうした問いの根幹に関わる重大な変化が起きている。それと同時に、セールス・イネーブルメントは未来の営業組織に不可欠なものなのか、それとも未来への移行を促すだけの一時的な手当てなのかを疑問視する人がいる。

　我々は、セールス・イネーブルメントは組織にとって確実に必要なものであり、未来に向けて、さらに重要になると主張する。いわばセールス・イネーブルメントは、組織にとって未来へと続く道そのものとも言える。

■ 不可避の変化に備え、
　セールス・イネーブルメントにできること

　誰も未来を確実に予測することはできない。しかし、すでに起こっているいくつかの大きな変化がある。そして、そうした変化がさらに続いていくであろうことは予測できる。

293

▐ AI 主導の売買サイクル（Buy/Sell Cycle）

　セールス・イネーブルメント・テクノロジーを論じる際に、AI（人工知能）については簡単に触れた。AIは営業の方法を変えるだけでなく、買い手の購買方法も劇的に変えるだろう。買い手側はAIベースのテクノロジーを活用して、購買するソリューションやそれを販売するサプライヤーについての詳細な情報を得ることができる。

　今日では、サプライヤーに関する詳細なデータを収集・分析し、理想的な価格ポイントを算出し、売り手側の行動を予測し、購買プロセスを最適化するために、AIテクノロジーを活用する買い手側のサービスも登場しつつある。もし今でさえ、そうした買い手が持つ情報やサービスなどに対して遅れを取っていると感じる営業組織にとって、価格設定モデルや営業プロセスなどが完全に透明化されてしまえば、事態はさらに悪化することになるだろう。

　一方、営業組織も引き続きAIの活用を進めていくだろう。警告しておくが、自分の日々の営業活動がすべて分析されることに耐えられないなら、その人はセールスに向いていない。将来的にデータ収集ツールが、セールスの言動やそれに対する見込み客や顧客の反応など、すべてを把捉するようになれば、セールスという職業は地球上で最も調査されている職種の一つとなるだろう。

　たとえば、AIシステムは音声認識機能によってセールスの顧客訪問を録音し、そこで得られたデータを、製品やサービスについてのソーシャルメディアでの反応や、顧客の購買データなどと組み合わせることで、それぞれのセールスに何をいつどうすべきかを積極的に指導できるようになるだろう。そのようなシステムはさらに学習を進め、アルゴリズムを再構成し、どのようにすれば最も成約の見込みがあるのか、インサイトやアドバイスを提供する。AIテクノロ

ジーによるサポートは、システムに蓄積されるデータが増えるにつれ、ますます強力になるだろう。

AIはセールスが直感を頼りにする余地を奪うだろう……そして買い手側からも

AIシステムは、何百万というデータ・ポイントを分析する能力を備えている。一部の開発者の間では、顧客と面談中のセールスのストレスレベルを測定できる、ウェアラブル・バイオメトリクス・デバイスの開発さえ話題になっている。

AI拡張型セールス・イネーブルメント・テクノロジーは、それぞれのセールスの傍らに常に営業コーチが存在するようなものである。こうしたシステムは当然ながら誰かの直感に頼ったものではないし、人間のように顧客にどうアプローチすべきか見誤ってしまうこともない。AIはセールスが直感を頼りにする余地を奪うだろう……そして買い手側からも。

営業の仕事が根本的に変わる

売買サイクル（ビジネスのプロセスや時間的な枠組み、それらに基づいた活動）が変化しているのだから、もちろんセールスが果たす役割も変わるだろう。

多くの営業チームが歓迎するであろう変化の一つは、セールスの「ロスタイム」が短くなるということだ。調査によると、各セールスは自分の時間の約35％しか営業活動に使っていない。つまり、彼らはそれ以外の時間、企業にとっては重要なのかもしれないが、顧客に価値をもたらすこととは無関係なさまざまなタスクに追われている。レポートの作成や移動、トレーニング、社内ミーティングへの参加、他にも山のような事務作業がある。AIはこれらの日常業務を

不要にするか、それにかかる時間を大幅に短縮してくれる。

たとえば、CRMシステムに面談のメモを入力したり、案件が成約に至るかどうか推測したりする必要もなくなる。セールスの言動や買い手側の反応を自動的に収集したシステムがそのデータをCRMシステムに転送するので、セールスは顧客をもっと多く訪問して対面できるようになる。

しかしその「余った」時間で何をしたらいいのか？　企業に起こり得る変化の一つは、セールスの数を減らすことであろう。そして実際、単純取引の営業モデルにおいては何らかの人員削減が起こるはずだ。

より複雑な営業プロセスを必要とする組織におけるもう一つの変化は、指で触れるだけの新しいガイダンスのためのツールなどを利用して、ソリューションを創造的に構成し直し、価値を付加し、取引サイズを拡大する顧客のエキスパートとして、顧客生涯価値をより高め、さらに拡張するといったことにセールスの目を向けさせることであろう。

未来はすでにここにある

SF作家のウィリアム・ギブソンは、「未来はすでにここにある。ただ均等に配分されていないだけだ」と述べた。我々がインタビューしたSilverline社の営業幹部であるカイ・ユウ・ション氏は、台頭しつつあるAI支援型営業空間の先駆者であることの利点を示している。カイ氏は、2009年に始まったSilverlineのチームに当初より参加していた。同社のビジョンは、単に営業組織にもう一つコンサルタントを追加しようというのではなく、コンサルティングに強力なインダストリー・アクセラレー

ターやAppExchangeアプリケーションといった最先端テクノロジーのコンポーネントを組み合わせることで、顧客のビジネスを革新しようとするものだった。

Silverline社におけるカイ氏の役割は、常に売上に重点を置いたものであり、営業担当副社長から始まり、最高財務責任者の役割を経て、現在は成長担当最高責任者を務めている。成長目標を達成するために、Silverline社はその業界のエコシステムで最高の人材の獲得に力を注ぐだけでなく、セールスに最適なツールを提供することによるパフォーマンスの最適化を図ってきた。彼らのそうした方針が、同社が営業用AIテクノロジーを早期に採用する動機となった。

カイ氏のチームは、営業ソリューションを調査する中で、ConversicaというAI支援型システムと出会った。カイ氏は次のように述べる。

「パイロット調査を繰り返し、本当に営業組織の利益となるよう、AIがどのようなタスクで強みを発揮するのか突き止めようとしました。その一つが、顧客更新に関する多くの作業をConversicaに引き継がせる新しいプロセスでした」

「システム統合業務に加えて、堅牢なサービス型ソフトウェア（SaaS）事業も行っています。現在、SaaSソフトウェア・ライセンスは数十万に上り、それを利用している顧客は5000人を超えています。その更新ビジネスにスタッフも配置していますが、Conversicaのプラットフォームで多くの更新管理タスクが調整できるよう、そのプロセスを再設計しているところです。更新がスムーズに行われるケースなら、Conversicaは実際の更新注文をすべて処理できるようになるでしょう。そうなれば、スタッフは単純な作業から解放され、より複雑な更新作業に集中でき、より付加価値の高いタスクを実行できるようになります。この実験は現在進行中で、更新プロセスのコストを削減すると同時に更新率を5〜6％増加させると、ROI全体がどうなるのかを数値化しようとしています」

> カイ氏は、営業ソリューションのためにAIをいち早く導入した同社の経験を共有してくれた。この経験により、彼らは新興テクノロジー分野のパワーに目を向けるようになり、それが今後、営業の世界で大きな変革をもたらすことに気づいたのである。

　これが営業の未来であり、アートというよりも科学である。確かに、アートはまだ存在しており、人間のつながりは価値を持ち、適切な関係性における適切なやり取りは有益であり続けるだろう。しかし、そのようなやり取りも科学によって導かれ、強化されることになるはずだ。

▶ 優秀なセールスのタイプが変わる

　将来の営業においては、テクノロジーを使いこなせる人材が必要である。データ分析を使いこなしてそれを拠り所とし、自分が見聞きしたことや、あるいは顧客が言ったりすることについて、より深いレベルでインサイトを加えることができなければならない。営業がアートであったとき、組織は「人当たりがいい」人や、採用評価において顧客志向性やエモーショナル・インテリジェンス（EQ）スコアが高い人をセールスとして採用した。今日、そうしたEQから、分析性、システム思考、テクノロジー・スキルへとシフトが起こっている。

　テクノロジー分野以外でも、多くの組織が、科学や技術、工学、数学（STEM）といった背景を持つ人材を探し始めている。STEMのトレーニングは、テクノロジーやデータに満ちた環境で優れた問題解決能力を持つことにつながるようである。実際、最近のCSOイン

サイト調査が営業職の増加について調べたところ、調査対象となったセールスのうち、STEMのバックグラウンドを持つ人が、ビジネスの学位を持つ人に次いで2位につけていた。

▰ セールス・イネーブルメントが未来への道を切り開く

テクノロジーの進歩に関して、ビル・ゲイツは次のように述べている。「我々はいつも今後2年間に起きる変化を過大評価し、次の10年に起こる変化を過小評価している」。我々はこれがAIにも当てはまると考える。ただし、その変化にふさわしい期間は10年ではなく5年かもしれない。AIは学習し、自己修正、自己増強することを忘れてはならない。内部に変化への抵抗があったり、初期の導入が上手くいかなかったりしたことで、CRMやその他のテクノロジーは根づくのに時間がかかった。しかしAIの場合、それほど多くの時間はかからないだろう。

> 「我々はいつも今後2年間に起こる変化を過大評価し、次の10年に起こる変化を過小評価している」。
>
> ビル・ゲイツ

もしセールス・イネーブルメントが今、営業組織にとって非常に重要であるとしたら（なぜそうなのか、本書を通じて理解されているといいのだが）、あなたの取り組みを前進させることが絶対に必要である。

セールス・イネーブルメントには、営業組織が今にも起きようとしているこれらの変化に備え、そのためのテクノロジーなどを活用で

きるようにサポートする責任がある。セールス・イネーブルメントはテクノロジーを導入する最終目標をIT部門よりも理解しており、セールス・イネーブルメントの担当者はマーケティングよりもセールスのニーズをよく理解している。そして、優秀なセールスをさらに活躍させるために何をすればよいかを人事よりも知っている。営業責任者は、AI拡張型営業を深く調査する余力を持っていない。彼らは興味を持っているかもしれないが、そうしたテクノロジーについて何らかの組織的な調査をするよりも、次の四半期の売上目標のことをずっと気にかけているのだ。

　セールス・イネーブルメントは、組織を超えてセールス・イネーブルメントのプロセスをオーケストレートし、急速に進展する未来に対して組織を備えさせることができる、真にユニークな立場にある。近い将来、競争相手の企業よりも優位に立つために導入すべきサービス（AI拡張型テクノロジーを含む）を常に探しつつ、今日から高いパフォーマンスを発揮する成熟したセールス・イネーブルメントの確立へ向けて取り掛かるべきである。

　セールス・イネーブルメントの未来は、まさに今ここからスタートする。準備はできただろうか？

検討課題

● あなたの営業組織は未来に向けてどのくらい準備ができていますか?

● 今、あなたの組織には営業モデルの変化を示すどのようなサインが現れていますか?

● セールス・イネーブルメントに強い関心を持ち、セールス・イネーブルメントを成熟させようとするあなたの道のりをサポートしてくれそうな経営幹部(たち)は誰でしょうか? 彼らに対し、どのようなビジネスケースを準備しなければならないでしょうか?

すぐにやるべきこと

まず行動を起こしましょう! セールス・イネーブルメントの取り組みを始め、それを強化する方法は無数にあります。しかし、セールス・イネーブルメントが取り組む範囲が広いからと言って怯んではいけません。今日にでも経営層の誰かと、このことについて意見を交わすべきです。迷ったらすぐにでも対話を始めましょう!

付録

セールス・イネーブルメント
憲章のサンプル

Sample Charter

付録 セールス・イネーブルメント憲章のサンプル

セールス・イネーブルメント憲章のサンプル

セールス・イネーブルメント憲章　サンプル社
改定日：20XX年1月1日
スポンサー名：○○○○○○
セールス・イネーブルメント・リーダー：○○○○○○
諮問委員会：○○○○○○

1. 現状の記述

事業戦略
重点戦略、
方向性の提示

▶ エンタープライズ・マーケットで3年以内に2位から1位に移行。CAGRを10%成長

▶ 新興市場におけるM&Aなどを活用してグローバル・ビジネスを拡大

▶ 手数料ベースのサービスへのモデルチェンジ。値上げを実施

▶ 競合との差別化を図り、よりハイエンド、ハイタッチとなるブランドへと再編

営業戦略
鍵となる要素、
方向性の提示

▶ プロダクト中心から価値に基づく営業アプローチへの転換

▶ リード・ジェネレーションとプロスペクティングを通じて新規顧客開拓を積極的に追求

▶ 来年度中にグローバルでセールス75名を新規に採用し営業力を強化

▶ グローバル・アカウント・マネジメントの体制を構築

参考資料
戦略的資料、
憲章に添付

▶ 企業戦略マップ。年間ビジネス・レビューおよび営業レビューの結果

▶ 年間顧客満足度調査の結果と対策

▶ ブランド戦略資料

▶ セールス・イネーブルメント評価結果レポート

2. 成功イメージ

ビジョン
セールス・
イネーブルメントが
貢献すること

セールス・イネーブルメント・チームは、全部門の顧客接点を持つすべての担当者にサービスを提供する、組織全体の最終的なオーケストレーターでありたい。我々は、営業やサービスの顧客接点を持つすべての担当者、マネジャー、流通チャネルに対し、コンテンツ、トレーニング、コーチングに関するサービス及びツールを(直接、あるいは他部門を通じて)提供する責任を負う。顧客に対して営業活動及びサービスを提供する方法を根本的に変えることにより、組織としての成長やカスタマー・エクスペリエンスの創出などの目標達成に貢献する。

ミッション
どのように
貢献するのか?

セールス・イネーブルメント・チームは、戦略的かつ包括的なアプローチを取り、トレーニングなど既存サービスの整理・提供から、コンテンツやコーチング・サービスの提供へと素早く機能を拡大する。ベストのオペレーション、組織横断的なコラボレーション、最新のテクノロジーを活用し、見込み客・顧客とのあらゆるやり取りや、カスタマーパスのあらゆる段階における、価値の提供(パースペクティブ営業を行う)や差異化といった顧客接点のあるすべての担当者の能力を高め、「戦略的な貢献者」あるいは「信頼できるパートナー」とみなされるようサポートする。

目的
具体的に何を
達成しようと
するのか?

- ▶ ロードマップで定義されているすべてのマイルストーンをスケジュール通り、予算通りに達成する。

- ▶ コンテンツの作成や検索に掛かる時間を削減し、営業活動のための時間を増やす(18ヶ月中にセールス1人あたり2時間)

- ▶ 新規採用者の育成期間を24週間から22週間に短縮する

- ▶ SRPマトリクス上で認定ベンダーからソリューショ

ンコンサルタントへ移行(年次調査と成約/失注レ
ポートにおける顧客満足度スコアで測定)

▶ ファネルの新規顧客を10%増やす

▶ フォーキャストの案件成約率をトラッキングしてま
ずはベースラインを設定する(セールス・イネーブル
メントが、現在の段階からワールドクラスの段階へ
と成熟するよう成約率の達成目標を設定)

指標
成功をどう
測定するか?

▶ コンテンツ検索時間(1週間あたりの時間)

▶ コンテンツ作成時間(1週間あたりの時間)

▶ 新規採用セールスのための時間
(1週間あたりの時間)

▶ 期待される生産性を発揮するまでの育成期間
(セールス1人あたりにかかる期間)

▶ 顧客調査に基づく関係性レベル(認定ベンダーから
ソリューションコンサルタントへ)

▶ パイプラインにおける新規顧客との新規ビジネス
(パイプライン全体の価値に対する割合/円)

▶ リードから案件への転換率(価値、量、速度)

▶ 成約率の目標を設定するためのトラッキング(成約
率を金額で示す)

▶ 売上目標達成率の目標を設定するための目標達成
のトラッキング

3. セールス・イネーブルメントのスコープ

対象者
サービスは、
どの役割、
地域などに
なされるか？

- ▶ 会社全体
- ▶ 営業部やカスタマー・サクセス部への新規採用者
- ▶ 新たに買収した事業を含む、すべての事業単位における、現場営業・インサイドセールス担当者
- ▶ 最近の組織再編で配置されたグローバル・アカウント・マネジャー
- ▶ より高額の売上目標を割り当てられたカスタマー・サービス担当者
- ▶ 上記の役割をマネジメントする前線のセールスマネジャー

4. 取り組みやサービスのロードマップ

セールス・イネーブルメント ケイパビリティの構築	セールス・イネーブルメント・ サービスの提供
キックオフ　2019年第4四半期	
立ち上げ ▶ 諮問委員会やフォーマルなコラボレーション・ネットワークを設立 ▶ 支援対象のニーズ分析、既存のデータの掘り起こし ▶ さらなる活動に対するセールス・イネーブルメント・マスター・フレームワークの開発	会計年度末に、サービスの開発は必要ない。取り組みを組織的なものとし、真のセールス・イネーブルメントを立ち上げるために時間を使う。

付録　セールス・イネーブルメント憲章のサンプル

フェーズ1　2020年第1、第2四半期

トレーニング・サービス（スキル、方法論、プロセス、テクノロジー、商品など）の棚卸しから取り掛かる。すぐに埋められるギャップは埋める。

▶ 既存のトレーニング・サービスの役割ごとの完全なリストの作成

▶ 重複しているサービスや妥当性を失ったサービスの削除

▶ 役割ごとにカリキュラムへの同意を取りつける

▶ RACIチャートの作成。重要なギャップを埋めるためのプロジェクト計画の作成

コンテンツやコーチングと並行し、新しいトレーニングの取り組みを展開するためのフォーマルなコミットメントを示す。

▶ 75名の新入社員を短期で育成するためのサポート

■ 人材開発、マーケティング、プロダクト・マネジメントと連携して、新しいブランドや新しい市場情報に基づき新人研修を更新する

■ 営業メンタリング・プログラムに関して人事と連携

■ 新入社員用の生産性向上の基準を決めトラッキングする

■ 新しいケイパビリティ・プレゼンテーションの作成

▶ 新しいグローバル・アカウント・マネジメント・チームをサポートするためにサービスを調整して展開

■ グローバル・アカウント・マネジメントの方法論を導入するために人材開発と提携

■ セールス・オペレーションと連携して、人材開発アカウント・マネジメント・ツールを配備

■ 管理職に関連するコーチング・トレーニングやツールを提供

■ マーケティングと連携し、グローバル・アカウントのケーススタディ、成功事例を提供。将来の成功ビジョンを共有するため認識フェーズで使用

フェーズ3　2020年第3、第4四半期

（顧客対応 / 社内）コンテンツやトレーニングを組織化された計画につなげて展開する。カスタマーパスに位置づける。

▸ 既存のコンテンツ資産をカスタマーパスに位置づける。

▸ マーケティング、プロダクト・マネジメント、支援対象者や顧客の代表と連携してコンテンツ評価を行う

▸ 重複しているコンテンツや妥当性を失ったコンテンツを削除

▸ 埋めるべきギャップに関して部門間での合意を取る（既存のトレーニング・カリキュラムとコンテンツの整合性を取る）

重要なコンテンツのギャップを埋める作業を始める。

▸ ROIツールを構築し、適切なトレーニングやコーチングのサポートを実施

▸ 価値メッセージのフレームワークに基づいて価値メッセージ・ワークショップを実施

▸ 関連する既存のコンテンツ資産を更新。新しいコンテンツに新しいメッセージを使用

▸ 新市場、典型的なビジネス上の問題、一般的な購買シナリオに合わせて、カスタマーパス全体をカバーしたプレイブックを作成

▸ 古くて使えないケーススタディや関連コンテンツの刷新

次に向けて

マネジャーやカスタマー・サービス担当者を含めるなど、支援対象と範囲を拡大。

テクノロジーの活用とオペレーションの改善によるサービスの拡充。

▸ セールス・イネーブルメントのサービスを拡大。包括的なコーチング・カリキュラム、オンラインツール、フォーマルなコーチング・プロセスを含む

- セールス・イネーブルメント・コンテンツマネジメント・プラットフォームの選択
- 関連する指標のダッシュボードの作成
- 社内にサービスを提供するためのフォーマルなプロセスの定義

- マーケティングや営業の責任者とコラボレーションし、双方のソーシャル戦略を調整。カスタマーパスに沿った一貫性を確保
- ソーシャルセリング・プログラムの展開。ソーシャルセリングのスキルの開発。ソーシャルネットワークで共有される最新のコンテンツを確保するためコンテンツ・マネジメントに新しい項目を導入。ターゲットとなる対象の層に使いやすく、潜在的顧客につながりやすくする
- アップセル／クロスセル・プログラムを適切なサービス担当者へ展開する
- 新しいブランドや市場と結びついたダイナミックな価値メッセージ・アプローチを確立する。カスタマーパス全体をカバーするよう、すべてのサービスに一貫性を持たせる
- キーセグメントに関連づけられたプレイブックのデータベースを作成。カスタマーパス全体に沿ってセールスが進めるようガイドする
- 評価・整備・改善された最新のコンテンツと、関連する定着・強化のためのサービスやトレーニング・サービスを搭載したSECMの導入

あとがきにかえて ── 英語版序文

　私が最初にバイロン・マシューズに出会ったのは、数年前、チームとともに、Linkedln社で営業能力ギャップの対処に取り組んでいたときでした。議論を重ねていくうち、すぐにバイロンが私の世界を理解したように感じました。そのプロセス全体を通じて私が最も感銘を受けたのは、ミラーハイマングループが何をしたいかよりも、私のビジネス上の問題解決を優先しようとする彼の断固たる姿勢でした。市場を開拓するうえで弊社の営業チームに望むものと同じように、常に顧客のニーズを会話の一番に置いて、私と働いてくれました。

　それ以来、バイロンと私は連絡を取り合っており、ミラーハイマングループがフォーカスを広げ、最高のセールス・イネーブルメントを提供することで営業という仕事を高めることに深く関わり続けているのを見てきました。言うまでもなく、セールス・イネーブルメントに関する本に序文を書くよう頼まれたとき私は大喜びしました。セールス・イネーブルメントに関する書籍はたくさんあれども、セールス・イネーブルメントのプロフェッショナルに向けて営業チームをどう支援するかを扱った本はほとんどありません。

　私がセールス・イネーブルメントの役割からキャリアをスタートさせた時、本書があればどんなに良かったでしょう。さらに重要なことは、本書が単にセールス・イネーブルメント組織のためのものではなく、営業リーダに向けて書かれているということです。リーダーがいなければ、セールス・イネーブルメントのプロフェショナルは常に失敗することになります。

　長年にわたり、私は、セールス・イネーブルメントとは単なるトレーニングだとか、悪ければ、イベント企画にすぎないと考えてい

る多くの営業リーダーたちと仕事をしてきました。彼らは、セールス・イネーブルメントのパートナーを戦略的ビジネス・アドバイザーではなく、取引の一時的なサポート役と見ています。しかし、彼らを非難できない面もあります。というのも、あまりにも多くのセールス・イネーブルメントのチームが、プログラムを世に出すことにばかり取り組み、システム全体を見て、実際のビジネス上の問題を解決するために営業と協力することを疎かにしているからです。

　私もそうした間違いをしてきたので、その結果がどのようになるかも知っています。問題は単純だとも言えます。ポイントは、営業トレーニングだけでは、ほぼ100%効果がないということです。新しく学んだスキルを維持するには適切な条件が必要です。積極的に前線から指揮を取り、時間をかけて新たな習慣を生み出すためのコーチングができる、営業リーダーのチームが必要なのです。このチームが存在しなければ、費やされた時間もお金も無駄になってしまうでしょう。

　もしあなたが営業リーダーで、営業チームのスキルアップを目指していたり、セールス・イネーブルメントの担当者で社内での足場を固めようとしているなら、ぜひ本書を読んでください。ミラーハイマングループによるセールス・イネーブルメントのアプローチは、コンテンツ、トレーニング、テクノロジー、そして私のお気に入りの一つである営業コーチングという、本物のセールス・イネーブルメントが持つ要素を的確に捉え、すべてを包括的にカバーしています。本書にある推奨事項はどれも、調査や、この原則を実践している営業リーダーから得た事例によって裏づけられています。

　おそらく最も重要なのは、本書がセールス・イネーブルメントはインサイト（洞察）を重視すべきだと強調している点でしょう。本書では各種のデータを使って、セールス・イネーブルメントに投資

することに見返りがあること、もっと言えば、営業リーダーがビジネスでよりよい意思決定をするうえで、データがどれほど役に立つかを理解させてくれます。測定できないものを管理（または改善）することはできません。ミラーハイマングループはその点をよく理解しています。

　私はセールス・イネーブルメントの仕事がどれほど難しいかを肌で感じて知っています。私のように、それに取り組む人は、営業にとって唯一とは言わないまでも、最重要の一人となる可能性があります。しかし、そうなるためには、セールス・イネーブルメントの生態系を構成する各要素を、優先順位をつけながら構築していかなければなりません。そこには妥協もつきものです。また、営業リーダーたちに、信頼できるデータやインサイトで裏打ちされたビジョンを描いて示す必要もあります。

　本書は、あなたが戦術的なサポート機能から戦略的なパートナーへ移行するために必要なガイダンスを提供しています。これは、営業のパフォーマンスに重要なインパクトをもたらし、営業組織の最も重要な資産、つまり人材を変革する鍵を握っていると広く認知されているものなのです。

LinkedIn Corporation
グローバル営業対応シニアディレクター
エイミー・ボルセッティ

著者紹介

BYRON MATTHEWS
バイロン・マシューズ

シカゴ大学でMBAを取得。CEOとして卓越した顧客管理によってミラーハイマングループ（Miller Heiman Group）を率い、過去23年間で数多くのフォーチュン500の営業組織のコンサルタントやリーダーを務める。また、マイクロソフト、AT＆T、サムスン、コカ・コーラをはじめとする業界のリーディング企業と世界中でコラボレーションをしながら、パイプラインや収益管理ソリューションの開発、営業手法の導入、営業管理プロセスの最適化、評価・採用と連動した報酬制度や能力モデルに取り組んできました。これまでの豊富かつ幅広い経験の中では、アフラックのチーフ・セールス・オフィサーとして、多数のチャネルにまたがる3万人以上のセールスを統括。マーサーでは5年以上にわたり、グローバル・セールスリーダー兼セールス・パフォーマンス・プラクティスのグローバル本部長も務めています。

TAMARA SCENK
タマラ・シェンク

ドイツのホーエンハイム大学を卒業し、経済学修士（Dipl.oec）を取得。ミラー・ハイマン・グループの研究部門であるCSOインサイトのリサーチ・ディレクターとして、セールス・イネーブルメントや営業管理、ソーシャル営業、コラボレーション全般を扱う。国際レベルのさまざまな業界で25年以上にわたり営業や事業開発、コンサルティングなどの業務に従事。2014年にアナリストとしてリサーチ・ディレクターの職に就く以前は、ドイツ・テレコムの子会社であるTシステムズにおいて、セールス・イネーブルメントのアイデアをプログラムや戦略的部門へと発展させる業務を担当し、同社でグローバル・セールス・イネーブルメント・転換チームを統括しました。セールス・イネーブルメント協会のメンバーであり、雑誌「Top Sales World」への定期的な寄稿や、「Top Sales Magazine」では主要な著者ともなっています。

Miller Heiman Group

ミラーハイマングループ

ミラーハイマングループは、ミラーハイマン®、アチーブグローバル®、ハサウェイ®、インパクトラーニング®、チャネルエンネーブラー®、CSOインサイト®という歴史のある6つのブランドを統合し世界最大規模のセールスフォースコンサルティング会社として2015年に誕生しました。営業力強化、リーダーシップ開発、およびカスタマーマネジメントの領域において、組織全体をとらえるアプローチを用いた世界で実証されたメソッドを提供しています。富士ゼロックス総合教育研究所は日本での優良販売代理店として、ミラーハイマングループの持つコアサービスを提供しています。

https://www.millerheimangroup.com/

CSO Insights

CSOインサイト®

CSOインサイトは、ミラーハイマングループ傘下の独立した調査機関です。CSOインサイトが提供する年間営業実績調査は、営業パフォーマンスの改善や営業現場・営業管理の有効性を総合的に評価する方法として、組織の運営や行動についてのインサイトを求める営業リーダーにとって、業界標準の比類なきベンチマークとなっています。また、年間を通じた調査研究では、営業やサービスの最適化、セールスイネーブルメントや営業オペレーションに関するワールド・クラス・プラクティスの検討も行っています。

監訳にあたって

本書が全体を通して伝えたいことを、誤解を恐れずに端的にお伝えするとしたら、それは以下のようにまとめられる。

まず、1) セールス・イネーブルメントの実践は「組織開発」の一つの具体的な事例になり得る。次に、2) アルフレッド・D・チャンドラーの名言「組織は戦略に従う」はここでは修正が必要になる。やや誇張して言えば、組織は顧客のカスタマーパスに連動したプロセスを元にダイナミックに機能するセールス・イネーブルメントの規範に従う、ということになる。そして、3) 機能と権限を元に作成される企業の組織図を、従来型のピラミッドの形から、本書で提示したカスタマーパスに沿った構造に変えることによって、より迅速に変化に対応できる組織ができる。最後に、4) 人と組織をつなげるものは、フォーマルな組織構造だけではなく、核となる規範（Discipline）を全員が暗黙的に理解し、常に確認し合える憲章を持ち、そして対立しても真摯に話し合える関係性である。

組織開発ではないか、というと専門家に怒られるかもしれないが、本書で示された実践を伴う信念、具体的な活動を示した協働のプロセス、効果性を重視したコンテンツの作成、そして成長を目指した育成支援の方法論の議論などは、まさに組織開発で目指す自律組織になっていく試みと同義ではないだろうか。

本書で何度も繰り返される言葉の一つに、協働あるいはコラボレーションがある。組織や機能、人々の役割が固定して安定していた時代は終わった。境界を越え、異なる立場の他者と議論し、ときに対立をしながらもカスタマーパスに合わせて自社の価値提供を多様な視点で創りあげていくための協働的な実践が、組織開発そのものと言っても過言ではない。

セールス・イネーブルメントが提示する「規範」とは何か。本書で最も日本語にすることに困難を感じたのが"Discipline"という原語である。もともと軍の教育用語にも使われたためか、規範、規律、訓練、懲罰など厳しい言葉が辞書に並ぶ。しかし一方で、製造業に長く携わられた方々には馴染みやすい5Sの中の「躾（しつけ）」という意味でもある。躾は、「しつけがなっていない」など、今ではやや悪い意味に取られがちであるが、従来は職場のルールを守る、規律を守る、常により良くしていく、そしてその文化を継続して守っていくという深い意味を内包した言葉でもある。そして本書での使い方はそこに戦略的な意味を付与し、組織として一貫性のあるふるまいができる、と同時に顧客に合わせてダイナミックに変化することもできる、そのバランスを取るための判断の軸となることを、あえて「規範」という固い言葉に込めた。この規範を土台にすることでセールス・イネーブルメントは一貫性を担保していくこととなる。

カスタマーパスに沿った組織とは何か。顧客第一、顧客志向、と我々は何度も「お客さまを理解する」ことに重点をおき、「お客さまの課題を解決する」ということを看板に掲げながらも、結局は「自社の今期の目標」は、「重点商品の拡販に向けて」、と自社の都合を優先して業績目標の達成のための施策を考えてきたのではないか。しかし激変する環境の中で成長を維持していくためには、改めて組織構造を抜本的に変えていく必要があることを、本書は多種多様なエビデンスから明確な指針として示している。

人と組織、人と人をつなぐ。セールス・イネーブルメントという規範を持ち、それを元に憲章を協働的に創る。常に変わるカスタマーパスに合わせ、どのような価値メッセージに訴求力があるのか、どのタイミングで何を出すことがパースペクティブを提供することにつながるのか、などについて異なる役割の人たちが話し合う。その

ようなプロセスを何度となく通りながら、組織としての一体感を出していく。本書を読んだだけで、圧倒的な「やらなければならないこと」の量に投げ出したくなる方もいらっしゃるだろう。遠回りになるかもしれないが、できることを少しずつ重ねていくことが最終的には、「考える組織」、につながるのではないだろうか。

　そうしてみると、行動や思考がある程度「拘束される」、つまり縛られるという言葉に思えた「規範」は、実は組織の、カスタマーパスに合わせた戦略としてのSales Enablementという「思想」と読み変えることで、実は企業組織を「うちの会社」と言わしめる、人々を「つなぐ規範」になり得ると言える。

　最後に訳者としての役割を少し逸脱する。本書では冒頭に、「営業は科学かアートか？」という問いが提示されていた。そして変化の激しい昨今にいかにデータを分析し、最新のテクノロジーを駆使することが重要かということで「科学」がもはや優位である言説を唱えていた。しかしどうだろう。すべての企業には個別の価値があり、組織文化がある。本書を通じて自社にとって本当に大事なことは何か。それを考えていくことがセールス・イネーブルメントのスタートであり、それこそアートとしての物語の始まりとなるだろう。

　本書の日本語版を出版するにあたっては、編集の西田氏に多大なるご支援を頂くことなしに完成することはできなかった。この場を借りて深く感謝申し上げる。

株式会社富士ゼロックス総合教育研究所
グローバル・アライアンス部
ラーニングデザイナー　小林惠子

株式会社 富士ゼロックス総合教育研究所

1989年に新規事業として富士ゼロックスの教育事業部が独立して設立。当初より、4万5千人(連結)を超える富士ゼロックスグループ企業の人材育成やコンサルティングを手掛けるのみならず、これまでに自動車、医薬品、情報サービス、電機、通信、金融、官公庁など800社を超えるお客さまをご支援してきました。こうした豊富な経験に裏づけられた各種プログラムメソッドや仕組みづくりに関する方法論を駆使して、単なる理論研究だけでは得られない貴重なノウハウを元に"戦略を成果へと導く確かなソリューション"として総合的な「営業力強化」コンサルティングサービスを提供しています。

本社：
〒106-0032
東京都港区六本木3-1-1 六本木ティーキューブ14階
TEL（代表）：03-5574-1551
http://www.fxli.co.jp/

営業力を強化する世界最新のプラットフォーム

セールス・イネーブルメント
SALES ENABLEMENT

2019年1月17日　第1版第1刷 発行

監　訳	株式会社富士ゼロックス総合教育研究所
著　者	バイロン・マシューズ　タマラ・シェンク
発行者	ハビック真由香
発行所	株式会社ユナイテッド・ブックス
	〒160-0016　東京都新宿区信濃町3-1-303
	TEL 03-6457-8112（編集）
	http://www.unitedbooks.co.jp
発売所	きこ書房
	〒169-0075　東京都新宿区高田馬場4-40-11
	ユニゾ高田馬場看山ビル6階
	TEL 03-3227-8860（販売）
印　刷	シナノ書籍印刷株式会社
装　丁	千葉健太郎
ＤＴＰ	野島哲史
校　閲	牧　智美
編　集	西田嘉孝

Copyright © 2019 by Fuji Xerox Learning Insititute Inc.
Printed in Japan
ISBN978-4-87771-805-3

落丁・乱丁本は恐れ入りますが小社までお送りください。
本書を無断で転載・複製することは、
著作権法上の例外を除いて禁じられています。